すらすら
税効果会計
第3版

公認会計士・税理士
三林昭弘【著】
Mitsubayashi Akihiro

中央経済社

はじめに

　私は新しい会計基準が作られることになったときに，常に意識していることがあります。

『**要するに何がしたいのか**』

　まずはこれを考えます。何か目的があるから会計基準が作られるわけですから，その目的をまずは理解することに全力投球すると『構造』が見えてきます。何かをマスターするとき，『構造』を理解することは大事です。

　この『構造』を理解するにはコツがあります。それは，**なるべく早く学びたい範囲の最後までたどり着くこと**です。しかし，何かを学ぶときには，必ず例外が登場します。基本パターンとは違う場合という表現でもいいかもしれません。これがスピードを落とす大きな原因なのですが，基本パターンと例外を同時にマスターしようとするとハードルが一気に高くなってしまい，越えられない人が続出します。

　本書は，途中で挫折することなく高いと思われているハードルをあっさりと越え，まずはゴールまでたどり着いてもらえるように，なるべく途中で寄り道する箇所を減らしました。その代わり，厳密な表現や説明を犠牲にしました。

　まずは税法の説明からはじめます。税効果会計を学ぶためには，どうしてもある程度の税法の知識が必要となります。申し訳ない程度に説明するのではなく，かなり丁寧に説明していますが，申告書が書けるほどの知識はまったく必要ありません。あくまでも税効果会計のために知っておきたいしくみに絞って説明しています。

　そして本題である税効果会計で何がしたいのか。これを損益計算書中

心に説明しています。「要するに何をしたいのか」。この目的を理解することに全力投球するために損益計算書中心にはなしを進めていきます。第2章・第3章にてその説明をしますが，ここまでが税効果会計の基本形になります。『**基本パターン**』といってもいいのですが，ここまでは損益計算書だけでも十分理解できます。

　第4章は，税効果会計を学ぶ人の多くが壁にぶつかる**繰延税金資産**という貸借対照表科目のはなしをします。貸借対照表のはなしになると急に難しく感じるのは，**基本パターンに当てはまらない**はなしが登場するからです。基本パターンから何が外れているのか，どれくらい外れているのかという立ち位置を落ち着いて考えることができるかどうかがポイントになります。したがって，常に**基本パターンと比べて**考えられるようにはなしを展開していきます。

　常に頭の中心に『基本パターン』を置いておき，そこから例外を見ることに気をつけて読み進めてみてください。『基本パターン』とその他というスタンスで理解できるようになれば，税効果会計は思っていたほど複雑な制度ではないということがわかっていただけると思います。

　いま，この本を手に取って読んでくださっている皆さんは，おそらく他にもたくさんやりたいこと，覚えたいこと，やらなければいけないことがあるでしょう。税効果会計の勉強だけに時間をひたすら割くわけにはいかないと思います。できるだけ早く『わかる』の世界を卒業して，実務で『できる』世界に進んでもらいたいと思います。

　2018年5月

公認会計士・税理士

三林　昭弘

目　次

はじめに

第1章　税効果会計のはなしを始める前に

1　税効果会計は税金計算ではなく会計のはなしです/2

① 税法の世界の数字を調整するのが税効果会計です/2

② 税法の世界がわからないと調整の仕方がわかりません/4

2　法人税等の計算のしくみを理解する/6

① 税引前当期純利益に税率を掛けてはいけない⁉/6

② 法人税法上の所得と会計上の利益との違い/7

③ ４つの違いのうちどれが重要か？/12

④ どうやって所得と利益の違いを調整するのか/14

⑤ 法人税等は３ヶ所に申告・納税する/16

⑥ 法人税はこうやって計算する/18

⑦ 法人住民税はこうやって計算する/19

⑧ 法人事業税はこうやって計算する/20

⑨ 法人住民税・法人事業税についての補足/24

⑩ 繰越欠損金/26

3　別表四と五（一）の理解をしておこう/30

① 別表四の役割/30

❷ 別表五(一)の役割/31

❸ 別表四と別表五(一)のつながりをもう一度確認しよう/38

コラム 申告書の提出時期/40

第2章 税効果会計って何ですか？

1 税法と会計の世界に違いがありすぎると/42

❶ 税引前当期純利益と法人税等の関係/42

❷ 会計が税法の世界から離れていく/44

2 なぜ税効果会計を行うのか/47

❶ 会計基準を作ってまでして一体何がしたいのか？/47

❷ 会計と税法でなぜ違う結果になるのか/50

❸ ギャップを解消する会計処理が税効果会計/51

❹ 利益と所得の違いによる影響を2期間で考えてみる/53

❺ 「タイミングの違い」による差異はいつか解消される/55

❻ 2期間の過不足額をお互いに調整すればいい/56

❼ 繰延税金資産と繰延税金負債/59

コラム 税効果会計基準が税法の呪縛を解いた/64

第3章 税効果会計のしくみ

1 会計と税務の違いをピックアップする/66

❶ 一時差異/66

❷ 「将来減算一時差異」と「将来加算一時差異」を探す/69

目　次　3

❸ 法人事業税も一時差異/71

❹ 繰越欠損金も将来の課税所得を減らす効果がある/73

2　税金への影響額を計算する/75

❶ 法定実効税率を求める/75

❷ 繰延税金資産・繰延税金負債の計算/83

❸ 仕訳を計上する/86

コラム　気になる税率改正/90

第4章　繰延税金資産はすべて計上できるわけではない

1　繰延税金資産はすべて計上できるわけではない/92

❶ 税引前当期純利益に税金費用が対応するための条件/92

❷ 税率の変更が見込まれる場合/94

❸ 将来の課税所得がないと見込まれる場合/98

❹ 将来の課税所得が少ないと見込まれる場合/101

❺ 将来の減算の時期が不明な場合/103

❻ 税効果会計の処理は2段階で考える/105

❼ 繰延税金負債はどうなるのか/111

2　繰延税金資産の回収可能性の検討/112

❶ 将来の予測を勝手にしていいわけではない/112

❷ 企業の分類と回収可能性の取扱い/117

❸ カテゴリに分類するうえで少し迷う一時差異/123

❹ 回収可能性を加味した繰延税金資産/125

コラム　回収可能性と自己資本比率/134

第5章　税効果会計の表示

1　繰延税金資産・繰延税金負債の表示/136

❶　個別財務諸表の表示/136

❷　連結財務諸表の表示/137

2　税効果会計に関する注記/139

❶　注記に関する内容/139

❷　税率の差異分析は税効果会計の処理の検証に役立つ！/147

コラム　税率差異分析は比率だけ見てはダメです！/160

第6章　税効果会計をさらに知るために

1　繰延法と資産負債法/162

❶　繰延法と資産負債法という考え方の違い/162

❷　繰延法/163

❸　資産負債法/165

2　純資産の部に計上される評価差額の税効果会計/169

❶　なぜ評価差額が税効果会計の対象となるのか/169

❷　どのように会計処理するのか/172

❸　評価差額の回収可能性の検討/175

3 連結財務諸表の税効果会計/177

❶ 連結財務諸表に税効果会計のはなしが出てくる理由/177

❷ 個別財務諸表の税効果会計の理解を前提とする/181

❸ 子会社の資産・負債の時価評価による評価差額/182

❹ 債権債務の相殺消去に伴い修正される貸倒引当金/187

❺ 未実現利益の消去/191

コラム 最後にもう一度，繰延税金資産のはなし/196

第 **1** 章

税効果会計のはなし
を始める前に

1 税効果会計は税金計算ではなく会計のはなしです

ポイント

● 税効果会計は，税法の世界ではなく，会計の世界のはなし。
● 税効果会計の対象となる税金は，法人税，法人住民税，法人事業税。
● 法人税等に関する会計処理は，納税した税金，納税すべき税金を計上するだけではない。
● 税法の世界で何が起こっているか理解していないと，会計の世界で何をすべきかわからない。

❶ 税法の世界の数字を調整するのが税効果会計です

　税効果会計は「税」という言葉が入っているので，税金に関して何かするのだろうと想像はつくかと思いますが，まず最初に，はっきりとしておきたいことがあります。税効果会計は「会計のはなし」です。税金の計算のはなしではありません。仕訳の仕方，勘定科目の使い方，注記の仕方のはなしです。

　たとえば，掛で商品を販売したら，どのような処理を行いますか？

（借）売　掛　金	×××　（貸）売　　　上	×××

　という仕訳を起こしますね。これは「販売」という事実が発生したから，このような仕訳を認識したのです。

第1章 税効果会計のはなしを始める前に 3

掛で販売しました！ 「売上」を認識したので仕訳を起こそう！

　税効果会計も同じように，「ある事実」が発生したら，その事実にもとづいて会計処理を行います。

　「ある事実」とは何でしょう？

　それをこれから学んでいくことになるのですが，おおまかにいってしまえば，「**税法の世界で計算された税金に関すること**」になります。

　税金といっても種類がたくさんありますが，税効果会計を行ううえで考慮する税金は，ズバリ3つしかありません。

- **法人税**
- **法人住民税**
- **法人事業税**

　この3つの税金は，税法にもとづいて計算されます。税法のルールの世界のはなしですね。その結果を踏まえて，会計上何らかの処理を行う必要性を認識します。
　まっ先に思い浮かぶのは，次のような仕訳でしょうか。

（借）租　税　公　課	×××	（貸）未払法人税等	×××
法　人　税　等	×××		

（注）外形標準課税がある場合

　この会計処理自体は正しいです。しかし，単に，納税すべき税金を，費用と負債に計上するだけで終わりではありません。他にも税金計算が原因となって会計処理をすべきことがあるのです。何をするのか，いつその処理を行うのかなどについて，これから学んでいきます。

法人税等を計算しました！ ○○を認識したので仕訳を起こそう！

❷ 税法の世界がわからないと調整の仕方がわかりません

　税法の世界で計算した法人税，法人住民税，法人事業税（以下，「法人税等」といいます）があります。この計算結果を原因として，何らかの会計処理を行う必要がある事象が発生しています。

「なぜ，そのために会計処理を行わなければならないのか」
「どうすれば，あるべき状態になるのか」

　税効果会計の会計処理を行うためには，発生原因がわかっていなければ対処のしようがありません。

　何らかの会計処理を行う必要がある事象を把握するには，税法の世界

で何が起こっているのか，どんなしくみになっているのかをある程度は知っておく必要があります。

そこで，本書では，まず法人税等のしくみについて理解していただきます。税法の世界で何が行われているのかを理解したうえで，会計では何を行うのかを学んでいきましょう。

税法の世界	会計の世界
法人税等を計算しました！	○○を認識したので仕訳を起こそう！

どのようなことが起こっているかを学びます。	何をする必要があるかを学びます。
第1章	第2章〜第6章

2 法人税等の計算のしくみを理解する

ポイント

- 法人税等は，利益ではなく，所得に対して税率を掛ける。
- 利益＝所得とは限らない。
- 会計上は「収益」・「費用」というのに対して，税法は「益金」・「損金」という。
- 「収益」と「益金」，「費用」と「損金」の差を調整すれば，所得になる。
- 「収益」と「益金」，「費用」と「損金」の差には，「タイミングの違い」と「そもそも認められないことによる違い」がある。
- 税効果会計の対象となる税金は，所得を計算の基礎とするものである。
- 法人事業税は，法人税や法人住民税とは性質が違い，経費性があるため損金になる。
- マイナスの所得のことを「繰越欠損金」といい，翌期以降に繰り延べられる。

1 税引前当期純利益に税率を掛けてはいけない!?

　法人税は企業の利益に対してかかる税金です。利益が上がれば税金は増え，下がれば税金も減ります。ということは，利益に対して税率を掛ければ，法人税が計算できるのではないかと思いませんか？

　残念ながら，実際はそう単純なはなしではありません。

第1章　税効果会計のはなしを始める前に　7

$$利益 \times 税率 \neq 法人税$$

　税法では，何に税率を掛けるかというと，「所得金額（以下，「所得」といいます）」に対して掛けるのです。「課税所得」ということもあります。

$$所得 \times 税率 = 法人税$$

　これが正しい式になります。会社の利益といっておきながら，実際には「所得」に対して税率を掛けて，法人税を計算しているのです。

② 法人税法上の所得と会計上の利益との違い

　会計上の利益ってどうやって求めるかはご存じですね。

$$利益 = 収益 - 費用$$

それでは，法人税法上の「所得」はどうやって求めますか？
上と同じ式？　いいえ。違うのです。

$$所得 = 益金 - 損金$$

式の形は同じですが，それぞれ"言い方"が違っています。

「収益」＝「益金」
「費用」＝「損金」

であるならば，ただ言い方が違うだけということで，結果は同じだといえるのですが，そうではないのです。違う部分があります。

　では，どれくらい違うのかというと，実はあまり違いがありません。ほぼ同じだと思って構わないくらいです。ただ，**"少しだけ"**違うのです。

　法人税の計算は基本的には利益をベースにしています。法人税法第22条第4項にも「一般に公正妥当と認められる会計処理の基準に従って計算されるものとする」と書いてあります。

　しかし，そうはいいながらも，法人税法には「**別段の定め**」が設けられています。また，「**債務の確定**」にも厳しいルールが定められています。これらが原因で，**"少しだけ"**違うところが出てきます。

　この違いが生じる原因は，会計と税法の計算の目的の違いによるものです。

　会計は，一定期間における経営成績や財政状態を正しく報告することを目的としています。

　これに対して，税法は「**正確に課税すること**」「**公平に課税すること**」「**政策上の目的の実現のため**」を目的としています。誰が計算しても，正確かつ公平に同じ結果になるようでなければなりません。

　会計理論上は"発生している"と認識される「費用」も，絶対にその金額なのか，期末までに確定しているのかという観点からすると，客観的に債務として確定まではしていないということがあります。税法上は，これは「損金」にはなりません。

　たとえば，賞与引当金は「債務の確定」という観点からいえば「損金」にはなりませんが，会計上は引当金の要件を満たしていれば，「費

用」として認識できます。

　また，他の例を考えてみます。交際費を会社で湯水のように使ったとします。これをすべて「損金」として扱うと所得が減り，ひいては納税額が減りますね。これに対して，法人税法上は待ったをかけています。**「別段の定め」**により，政策的に，原則として交際費は「損金」として認めていません（例外もあります）。会計上はもちろん「費用」になりますから，会計と税法にもとづく計算実務（以下，「税務」といいます）でここでも違いが生じます。

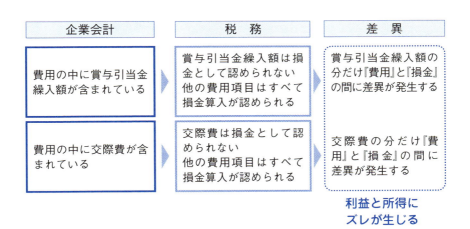

　「収益」も同じように，「益金」とはならない取引や，逆に「収益」ではないが「益金」になる取引があります。

企業会計	税務
一般に公正妥当と認められたところを要約したものであって、必ずしも法令によって強制されないでも、すべての企業がその会計を処理するのに当たって従わなければならない基準	益金および損金は『別段の定め』があるものを除き、**一般に公正妥当と認められる会計処理の基準**に従って計算されるものとする（法人税法第22条）
一般に公正妥当と認められる会計処理の基準に準拠	一般に公正妥当と認められる会計処理の基準に準拠

＝

+

債務確定要件

or

別段の定め

たとえば『賞与引当金』

① 将来の特定の費用または損失であって、 ② その発生が当期以前の事象に起因し、 ③ 発生の可能性が高く、かつ、 ④ その金額を合理的に見積もることができる	左記要件を満たしていても、その期において債務は確定していない（**債務確定要件**）
賞与引当金は上記要件を満たしていたら、**費用**として計上できる	賞与引当金は**損金**としては計上できない

　このように、「収益」と「益金」、「費用」と「損金」で"少し"違いが出るところがあります。

利益の計算と所得の計算の違い

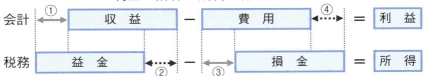

① 「収益」ではないが「益金」としてはカウントされる
② 「収益」ではあるが「益金」としてはカウントされない
③ 「費用」ではあるが「損金」としてカウントされない
④ 「費用」ではないが「損金」としてカウントされる

この①から④の違いが,「別段の定め」および「債務の確定要件」によって生じるものです。さらに,この違いについては2種類に分けることができます。

まず,「**タイミングの違い**」です。

たとえば,ある決算期で「費用」と認識したものが,まだ確定するには早いということで「損金」にはならなかったとします(上記③に該当)。しかし,"その"決算期では確定しなかったため「損金」にはならなかっただけであり,"次の"決算期中に確定すれば,"次の"決算期で「損金」になります(④に該当)。

違いの2種類のうちのもう1つは,「**そもそも認められないことによる違い**」です。

たとえば,交際費や役員賞与がこれに該当します。ある決算期で「損金」として認められなかったからといって,翌期以降で,どこかのタイ

ミングで「損金」として認められるのかというとそうではありません。つまり，永久に認められません。

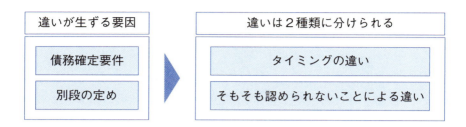

前者は期間のタイミングがズレているだけであり，長期的に考えれば一致します。しかし，後者は永久に調整されません。この会計と税務の違い，および2種類の違いの考え方が，税効果会計を理解するうえで重要な意味をもってきます。

❸ 4つの違いのうちどれが重要か？

利益の計算と所得の計算で4ヶ所違いが生じることがわかりました。確かに理屈上は4ヶ所違いが発生します。しかし，実際は毎回4ヶ所一斉同時に違いが発生するというわけではありません。違いが発生しやすいところと，めったに発生しないところがあるのです。

では，頻繁に違いが発生するところはどこかというと，結論からいえば③と④なのです。

賞与引当金を使って具体的に考えてみましょう。×1期に賞与引当金を1,000計上します。会計上の仕訳は次のようになります。

×１期

（借）賞与引当金繰入額	1,000	（貸）賞 与 引 当 金	1,000

　会計上は賞与引当金繰入額の1,000は「費用」として計上されました。しかし，税務上は債務としてはまだ確定したわけではないため「債務確定要件」を満たしません。よって「損金」にはなりません。

　したがって，『③「費用」ではあるが「損金」としてカウントされない』になります。

　次に×２期を考えてみます。×２期において賞与1,000を支給しました。この賞与1,000は×１期末に引当計上していた分です。会計上の仕訳は次のようになります。

×２期

（借）賞 与 引 当 金	1,000	（貸）普 通 預 金	1,000

　会計上は賞与引当金を取り崩したので「費用」は発生しません。しかし，税務上は×２期に実際に支給という事実があったため当然債務も確定したことになりますから，「損金」としてカウントすることができます。

　したがって，『④「費用」ではないが「損金」としてカウントされる』になります。

　このように，ある年度で③，将来の年度で④という組み合わせが実務上一番多いのです。なぜ多いのかということを考えるときに，先ほど説明した「債務確定要件」が重要なキーワードになってきます。

会計上は見積要素を加味して費用化・損失化するケースが増えてきました。しかし税務上は，たとえ見積りの精度がどれだけ高くても，発生の可能性がほぼ確実だとしても**確定**していない段階では「損金」にはなりません。そのため③になるケースが多数発生します。

一方，将来的には会計では先行して費用処理済みの取引も，事実が確定した段階でようやく税務上「損金」として処理できます。会計上はその年度では「費用」は計上されないため，④になるということです。

❹ どうやって所得と利益の違いを調整するのか

所得は，「益金－損金」で求められました。しかし，所得を計算するために，わざわざ益金を集計，損金を集計して，所得計算書のようなものを作成するわけではありません。

11頁の図で，会計上の利益と，税務上の所得の違いをもう一度見てみましょう。

会計上の利益と税務上の所得は，①②③④の部分が違うだけで，それ以外の部分は共通です。つまり，利益をベースにして，①②③④を調整すれば所得が導き出せるということになります。

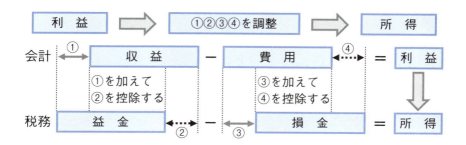

前頁は概念的な図です。実際の調整方法を考えてみましょう。

調整方法は，利益をスタートとして，プラスまたはマイナスをすることで所得になります。それでは，①～④は，プラスまたはマイナスそれぞれどちらになるのか整理してみましょう。

No.	説　　明	調整
①	「収益」ではないが「益金」としてはカウントされる	プ ラ ス
②	「収益」ではあるが「益金」としてはカウントされない	マイナス
③	「費用」ではあるが「損金」としてカウントされない	プ ラ ス
④	「費用」ではないが「損金」としてカウントされる	マイナス

税務上はプラスのことを「**加算**」といいます。マイナスのことを「**減算**」といいます。加算は①と③になります。①のことを「**益金算入**」，③のことを「**損金不算入**」といいます。どちらも，所得が増加する要因になります。

一方，減算は②と④になります。②のことを「**益金不算入**」，④のことを「**損金算入**」といいます。どちらも，所得が減少する要因になります。

また，加算・減算することを「**申告調整**」といいます。

この申告調整を法人税の申告書の中で行います。申告調整が行われる場所が，「**別表四（所得の金額の計算に関する明細書）**」といわれる表になります。

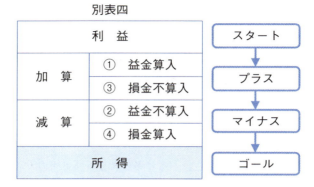

　この別表四の申告調整は，税効果会計を学ぶうえで重要になってきますので，調整するイメージをしっかりとつかみましょう。申告調整項目が多ければ多いほど，調整金額が大きいほど，利益と所得のギャップが大きくなります。

❺ 法人税等は３ヶ所に申告・納税する

　所得の計算の仕方を学んだところで，次はどのように法人税等を計算して申告するのかを学びましょう。ここから説明するはなしで，意識してほしいことがあります。それは「所得から導き出される税金部分はどこだろう」ということです。それを念頭に進めていきましょう。

（１）提 出 先
　法人税，法人住民税，法人事業税は３ヶ所に申告・納税します。
　その３ヶ所はどこかというと，**国**，**都道府県**，**市町村**です。行政単位だということがわかりますね。国の機関はどこになるかというと「税務署」になります。

３ヶ所に提出するということは，申告書が３種類あるということです。

ところが，東京都23区内の企業だけは例外です。23区の行政単位だけ特別で，各区にある都税事務所が市町村に該当する行政事務も行っています。そのため，東京23区のみ，都道府県と市町村が一体となった都税事務所に提出することになります。申告先は２ヶ所になるということですね。なお，他の政令都市にも区がありますが，このような扱いではありませんので，たとえば，横浜市中区であっても，神奈川県と横浜市それぞれに申告書を提出することになります。

（2）申告する税金の種類

それでは，国，都道府県，市町村にどのような種類の税金の申告を行うのかという観点から考えてみましょう。

国（税務署）に申告する税金は「**法人税**」です。都道府県には「**法人住民税**」と「**法人事業税**」を申告します。市町村には「**法人住民税**」を申告します。

「法人住民税」が２回出てきました。これを区別するために，「法人県民税」と「法人市民税」ということもあります。

（3）国税と地方税

さらに，別の観点から見てみましょう。国に申告する税金のことを「国税」といいます。都道府県と市町村に申告する税金は「地方税」といい，区別することができます。

提出先	税金の種類	
国（税務署）	法 人 税	国　税
都 道 府 県	法人住民税（県民税）	地方税
	法人事業税	
市　町　村	法人住民税（市民税）	

　なお，都道府県に提出する申告書は，法人住民税と法人事業税の2種類の税金を申告しますが，申告書は一体となっています。

❻ 法人税はこうやって計算する

　さて，いよいよ税金の計算のはなしです。先ほど所得の計算方法を説明しましたが，所得がわかれば，法人税，法人住民税，法人事業税はそれに税率を掛ければいいのかというと，そう単純なはなしでもありません。それぞれの税金の計算の仕方を学びましょう。

　まずは，法人税です。法人税の計算は所得に対して税率を掛ければおしまいです！　といきたいところですが，実際にはそれに税法特有の税額の加算と，特別な場合に認められる税額の控除を行って，最終的な税額が求められます。

　特別に加える税額と特別に控除する税額は，特定の条件に該当する企業だけが関係あるはなしで，すべての企業で必ず計算しなければいけないわけではありません。

　正確には前記のような構造ですが，本書で勉強するにあたっては，基本的には所得に税率を掛ければ法人税が計算できると押さえましょう。

第1章 税効果会計のはなしを始める前に　19

　法人税は国税ですから税率は全国一律です。しかし，企業の規模によって税率が変わります。企業の規模とは何かというと，資本金の大きさです。資本金が1億円超か1億円以下かにより税率が変わります。

資本金	所　得	税率
1億円超		23.2%
1億円以下	年間所得800万円超の部分	23.2%
	年間所得800万円以下の部分	19% （15%）※

平成30年4月1日以後開始事業年度より適用

　資本金が1億円超の企業は，所得の大きさに関係なく一律23.2％です。しかし，資本金が1億円以下の企業は，所得が800万円以下の部分は19％（※経過措置により実際は15％），800万円超の部分は23.2％と2段階になっています。

❼ 法人住民税はこうやって計算する

　法人住民税は都道府県への申告と市町村への申告がありますが，計算の構造は同じです。

法人住民税 ＝ 法人税 × 住民税率 ＋ 均等割

　法人住民税は，所得に税率を掛けるのではなく，**法人税額に税率を掛ける**ところに特徴があります。これを「**法人税割**」といいます。
　これに加えて「**均等割**」といって，**所得に関係なく**，資本金等の金額と従業員の数によって決まる税額があります。

まず，法人税額が決まり，それに税率を掛けます。法人税は所得に法人税の税率を掛けるので，間接的に所得に応じて税額が決まってきます。

　都道府県と市町村では税率が異なります。標準的な税率（これを「標準税率」といいます）が決まっているのですが，各都道府県，市町村で独自に税率を決めることができます。ただし，上限があります（これを「制限税率」といいます）。

❽ 法人事業税はこうやって計算する

　法人事業税は資本金の額が1億円超になるか1億円以下になるかで計算方式が変わってきます。

（1）資本金が1億円以下の企業の法人事業税
　まず，資本金の額が1億円以下の企業から説明します。

　資本金の額が1億円以下の企業は，所得に対して税率を掛けます。これを「**所得割**」といいます。

　この計算式の構造はシンプルですが，税率はシンプルではありません。まず，所得金額に応じて税率が変わります。次に，事業所の所在地，資本金の額などの条件によっても税率が変わります。さらに，法人事業税は地方税ですから，法人住民税と同様に，各自治体で税率を独自に定めることができます。そのため，標準税率とは異なる税率を用いる都道府県があります。実務上は，企業の条件をあてはめて，該当する税率を確認してから計算します。

（2）資本金が1億円超の企業の法人事業税

次に，資本金の額が1億円超の企業の説明をします。

これらの企業には，「**外形標準課税**」と呼ばれる課税方法が適用されます。外形標準課税は3種類の区分からなります。

「所得割」は税率が異なりますが，資本金の額が1億円以下の企業の計算方法と同じで，所得をベースに計算します。

一方，「資本割」と「付加価値割」は**所得とは関係なく**，別の基準で計算します。

所得に関係ないという点では，法人住民税の「均等割」と同じです。

（3）法人事業税は損金になる

最後に，とても大事なはなしをします。

ここまで，所得に対してかかる税金のはなしをしてきました。「所得に対して」だから，計算するときには「益金」と「損金」は確定した後のはなしであることはわかりますよね。

だから，所得が確定した後に計算された法人税等は「損金」とは違う

ものというイメージがありませんか。その直観はあながち間違ってはいません。

　正しくは，法人税等も「費用」だけれども「損金」としては取り扱わないということです。

　しかし，法人事業税だけは違います。

　法人事業税は法人税および法人住民税と違い，所得計算上，損金になります。なぜ法人税や法人住民税と扱いが違うのかというと，**税金の性質が違う**からです。

　法人税や法人住民税は「もうけ」に対してかかる税金で，「もうけ」の結果の一部を，国や地方自治体に負担する税金です。

　これに対して，法人事業税は，その企業が，その場所で事業を行うために支払うもので，その場所における地方自治体からサービスの提供を受けるために支払う**経費**です。支払うための費用の算出基準が「所得」のため，法人税や法人住民税と同じようにみえますが，性質は違うのです。所得に応じて変動する自治体に対する支払家賃のようなものです。

種　類	性　質
法人税，法人住民税	「利益（もうけ）」の結果に対してかかるもので，納税の義務を負うために支払う
法人事業税	その場所で地方自治体からサービスの提供を受けるために支払う経費

　法人事業税は経費ですから，販売費および一般管理費の中に含まれていてもおかしくないのですが，利益をベースに算出される費用のため，税引前当期純利益の後に表示されることになっています。そのため，法人税と法人住民税と同じ場所で表示されています。

そして，もう1つ押さえておかなければならないのは，法人事業税の**損金算入時期**です。法人事業税を計算した決算期に損金に入れてしまうと所得が確定しなくなってしまいますね。だから，翌期になります。

具体的には，法人事業税の損金算入時期は，「申告書を提出した日」になります。

「支払った日」ともいわれますが，通常は申告期限には納付もするから一致するのです。仮に，申告書は提出したけれども，まだ支払は済んでいない場合でも，申告書を提出しているため，損金になります。

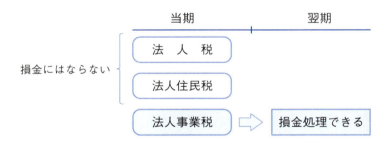

法人事業税は，法人税と法人住民税とは税金としての性質が違うものですが，申告書の作成時期，作成する書類，仕訳の方法，表示場所などについては同じように取り扱うので，同じようなものだと感じてしまいます。

しかし，本来は性質が違う税金なのだということをよく覚えておきましょう。この法人事業税の特徴が，本書の中でも，他のところで登場してきます。なぜ法人事業税だけ法人税と法人住民税とは違う扱いになる

のかというはなしが出てきたときに、法人事業税の性質を思い出して理解できるようになってください。

❾ 法人住民税・法人事業税についての補足

ここまで、法人税、法人住民税（都道府県民税、市町村民税）、法人事業税の説明をしてきました。従来はこの3種類の税金しかなかったのですが、税制改正により今は少し形を変えています。

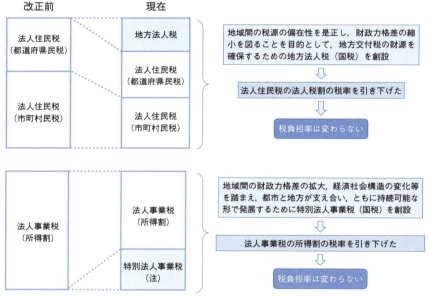

（注）令和元年10月1日以後開始事業年度から地方法人特別税を廃止し、新たに特別法人事業税を創設。

具体的には、平成20年10月1日以後開始事業年度から「地方法人特別税」（令和元年10月1日以後開始事業年度より特別法人事業税）が、平成26年10月1日以後開始事業年度から「地方法人税」が創設されました。

この制度は法人事業税や法人住民税の一部を国に集めて，それを地方に再配分して税収格差の是正を行うことが目的です。

しかし，いずれの改正においても改正前と改正後でトータルの税負担額が変わらないようになっています。したがって，実務的には改正後の形で税金計算を行うことになるのですが，税効果会計の学習を行うにあたっては，そこまで詳細な税負担額の内訳まで知る必要はありません。

◆地方法人税は法人住民税の一部
◆特別法人事業税は法人事業税の一部

所得に対してトータルの税負担額がいくらになるかということがわかれば十分です。

利益 ⇒ 所得 ⇒ トータルの法人税等

そこで，本書では，改正前の「法人税」「法人住民税」「法人事業税」という3種類の基本形で法人税等のはなしを進めていくことにします。

法　人　税
法人住民税
法人事業税

本書ではこの3種類を基本形としてはなしを進めていきます。 トータルの税額が把握できれば問題ない。

ここまで読み進めていただくと，税金計算の中で，「所得」に影響する部分と，「所得」が影響しない部分があることがわかったと思います。

所得は利益を基準として，加算と減算の調整を行って導き出しました。

そういう意味では，利益に関係しているともいえます。

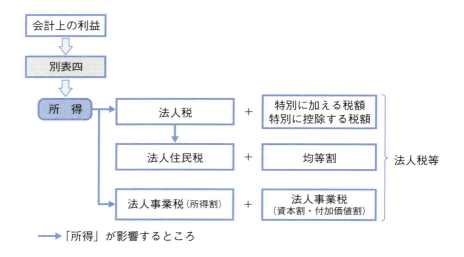

税効果会計を学ぶうえで，この利益と所得の関係，所得に関する税金計算のしくみを理解することがまずは大事です。税法の世界で行われていることも一見複雑そうに感じるかもしれませんが，基本的な構造はとてもシンプルなものです。

❿ 繰越欠損金

税法の世界を知ってもらうために，もう1つ覚えてもらいたい制度があります。それが『繰越欠損金』です。

会計では，利益は収益から費用を控除するという形で計算します。
税務では，所得は益金から損金を控除するという形で計算します。
もし会計上，収益よりも費用が大きいのであれば，利益はマイナス，すなわち赤字になります。税務上，益金よりも損金のほうが大きい場合

は，所得はマイナスになります。これを『欠損金』といいます。

この欠損金は，将来，**所得が発生した年度において充当**することができます。翌期以降に繰り越すことができるため『繰越欠損金』と呼ばれています。充当できる期間は，欠損金が発生した年度の翌年から10年間です（平成30年4月1日以後開始事業年度から）。

ただし，この繰越欠損金の所得からの控除には一部制約があります。

まず，資本金が1億円以下の企業には特に制約はありません。しかし，資本金が1億円超の企業，および，たとえ資本金が1億円以下であっても資本金1億円超の企業の100％子会社であった場合には，控除しようとする事業年度の**所得の50％が控除できる限度額（平成30年4月1日以後開始事業年度から）**になります。もし，その事業年度で控除しきれなかった欠損金がある場合には，翌期以降に繰り越されます。

【資本金1億円以下の企業（中小法人等）】

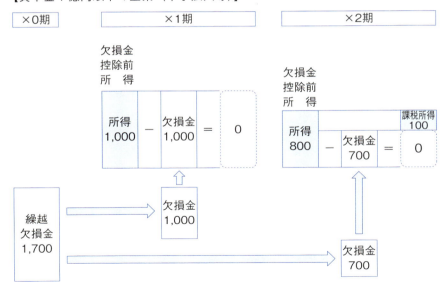

【中小法人等以外の企業】

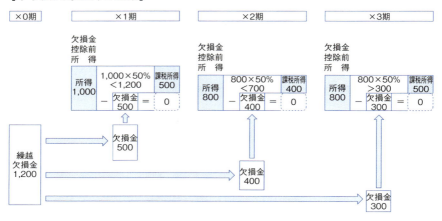

　この制度は将来の課税所得を減らすという意味で、『減算』と同じ働きをします。別表四では、『減算』とは別の場所に過去に発生した繰越欠損金を充当する欄があります。

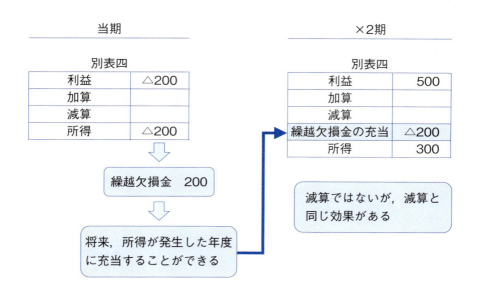

この繰越欠損金制度は後で再び登場します。将来の所得を減らすのだということをよく覚えておいてください。

次節では，会計上の利益から所得への調整を行う部分についてもう少し肉付けしてはなしをします。ここまでのはなしで理解が不十分な場合は，もう一度戻って税金計算の基本的な流れがイメージできるようになってください。

税効果会計を学ぶために知っておいてほしい税法の世界のはなしはあと少しです。次節は少し細かいはなしになりますが，頑張って理解してください。

3 別表四と五(一)の理解をしておこう

ポイント

- 法人税申告書の別表で，重要なのは，別表四と別表五(一)である。
- 別表四は税務上の損益計算書である。
- 別表五(一)は税務上の貸借対照表である。
- 「タイミングの違い」による所得の調整は，別表五(一)で解消されるまで繰り越される。
- 税効果会計で注目するところは，「タイミングの違い」による所得の調整である。

① 別表四の役割

　ここまで，所得に対応する税金計算のおおまかな流れを説明してきました。税務上の所得は会計上の利益を調整して導き出されるものでした。その調整を行う場所が『**別表四**』でしたね。

　会計上の利益を計算する損益計算書に対して，別表四は**税務上の損益計算書**といわれています。

　損益計算書は収益と費用の内訳をある程度詳細に表示する総額表示であるのに対して，別表四は会計上の利益の結果を受けて，そこから調整項目だけを加減算するしくみでしたね。

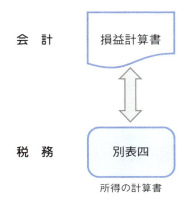

別表四は法人税等の計算を行うために最も重要な書類なのです。法人税のみならず，法人住民税（間接的にですが）や法人事業税（所得割）も「所得」がベースになるわけですから。

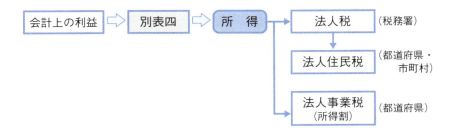

❷ 別表五(一)の役割

そして，税金計算を行うにあたってもう1つ押さえておきたい重要な書類があります。『**別表五(一)**』という書類です。

別表五(一)はどのような書類かというと，**税務上の貸借対照表**といわれ，**税務上の純資産**を表す書類ともいわれます。貸借対照表は資産・負

債が総額表示され，その差額として純資産の部がありますが，税務においては，所得計算が総額表示は不要であったように，税務上の純資産が確認できればいい書類になっています。そのような意味で，貸借対照表の純資産の部に対応しています。

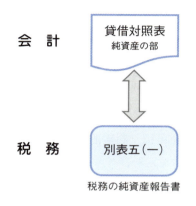

貸借対照表の純資産の部に対応しているとはどういうことか，説明していきます。

もう一度，『会計と税務の所得計算上のタイミングの違う差異』を思い出してみましょう。第2節で説明しましたが，『収益』と『益金』，『費用』と『損金』で違いがある部分は，**タイミングの違い**と**そもそも認められないことによる違い**があるというはなしをしました。この2種類の違いは別表四で調整されることになります。

そもそも認められないことによる違いは『損金』または『益金』にならなかったというだけで，その期に調整して終わりです。

しかし，**タイミングの違い**は会計と税務の計上のタイミングが違うだけのはなしです。別表四で一度調整された**タイミングの違い**は，**将来逆の調整**が行われます。

別表四で調整された**タイミングの違い**は将来再び調整する時期ま

で待たなければなりません。その調整額をその間どこに格納しておくかというと、それが『別表五(一)』なのです。

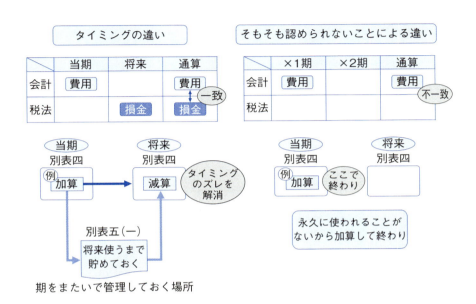

期をまたいで管理しておく場所

　別表五(一)には、前期以前に発生した『タイミングの違い』が期首の欄にあります。そして、当期に解消されるものは別表四に持っていくため、別表五(一)からは消えてなくなります。一方、当期新たに発生した『タイミングの違い』は別表四から別表五(一)にやってきます。こうして当期末で残った『タイミングの違い』が翌期に繰り越されていきます。

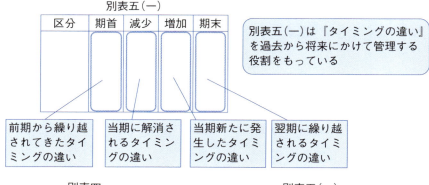

いかがでしょうか。この流れは、前期から繰り越されてきた残高があり、当期に増加・減少があり、期末に残高が翌期に繰り越されていくという貸借対照表の動きに似ていませんか。

貸借対照表のように残高を繰り越す機能をもっていること。これが別表五(一)の特徴の1つです。

また、別表五(一)には会計上の利益剰余金を記載することになっています。記載することで何がわかるのでしょうか。

ここで別表四・別表五(一)を、それぞれ損益計算書・貸借対照表と比べて、調整がない場合と調整がある場合の違いを見てみましょう。

まず、申告調整が何もない場合です。

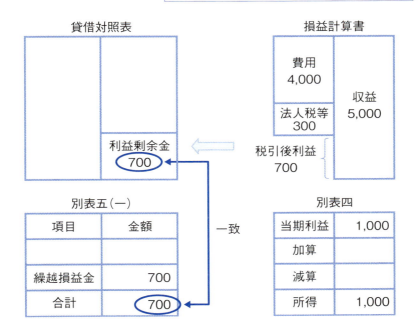

　別表五(一)の「繰越損益金」とは，会計上の「繰越利益剰余金」と同じ意味で，呼び方が違うだけです。

　調整が何もない場合，税引前利益は1,000であり，所得も1,000で一致します。所得1,000に対する法人税等は税率を仮に30%とすると300です。税引後利益および貸借対照表の利益剰余金は700になります。一方，別表五(一)には『タイミングの違い』がない場合，「繰越損益金」のところに会計上の利益剰余金700を転記するだけで終わりとなるため，別表五(一)の合計は700となり，貸借対照表の利益剰余金と一致します。この700は**税務上の純資産**を意味します。

　次に，費用4,000のうち1,000は賞与引当金による「タイミングの違い」により「損金」として認められなかった場合を考えてみます。

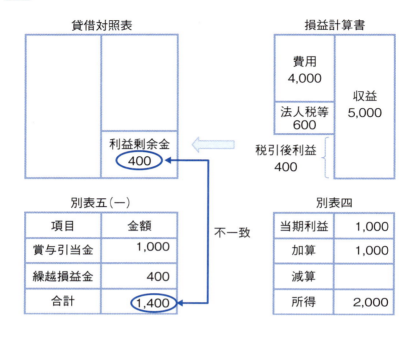

　この場合、税引前利益は1,000ですが、所得は損金として認められない1,000を加算した結果、2,000となります。所得2,000に対する法人税等は税率を仮に30%とすると600です。税引後利益および貸借対照表の利益剰余金は400になります。一方、別表五(一)はどうなるかというと、「繰越損益金」は会計上の「利益剰余金」400を転記します。そして先ほど説明した『タイミングの違い』の1,000も転記します。その結果、合計は1,400となります。

　この1,400は何を意味しているかというと、賞与引当金の1,000は会計上は費用として計上済みのため、もはや利益ではなく純資産も減っているとしているものが、税務上は**まだ「損金」ではない**ため、その分**純資産も減っていない**ということで税務上の純資産は1,400になるということなのです。『タイミングの違い』の分だけ会計上の純資産とズレが生

じるのです。このズレは翌期以降に繰り越され，最終的に将来の別表四で調整されて，別表五(一)からなくなった時点で解消されます。

つまり，『タイミングの違い』は，**会計と税務の純資産にズレを生じさせる**ということです。

では，『**そもそも認められないことによる違い**』は，会計上と税務上の純資産のズレに影響を及ぼすものでしょうか。これは計上のタイミングの問題ではなく，今後，永久に損金または益金にできないものです。たとえば，交際費は，税務上は**まだ「損金」ではないということではありません**。『**減らしてしまったものは仕方がない**』ということで，別表五(一)には転記しません。その結果，純資産の観点では会計と税務は一致します。

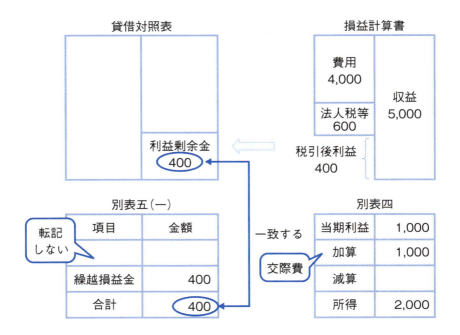

このように，別表五(一)は税務上の純資産を把握することができる機能がもう1つの特徴です。

まとめますと，別表五(一)は当期発生または解消された『**タイミングの違い**』が把握できるだけでなく，過去から繰り越されてきた『**タイミングの違い**』も把握することができます。そして，その『**タイミングの違い**』は，会計上の純資産と税務上の純資産の差異になっていることもわかります。

❸ 別表四と別表五(一)のつながりをもう一度確認しよう

別表四は税務上の損益計算書でした。会計上の利益から調整されるものは『タイミングの違い』と『そもそも認められないことによる違い』があります。このうち『タイミングの違い』は別表五(一)に格納され，将来しかるべき時期に再び別表四に戻して，最終的には会計と税務の計上時期の差異は解消されます。

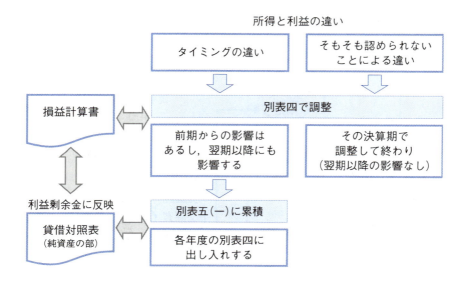

ようやく第1章が終わろうとしています。ここまで法人税等の計算の構造について説明してきました。もちろん本格的に税務申告書を作成するためにはこれくらいの知識では足りませんし，もっともっと奥深い世界ではあります。

　しかし，これから税効果会計を学ぼうとする方が，前提としてわかっておきたい法人税等の計算のしくみはこれくらいでいいと思います。申告書が書けるようになるほどの知識は不要です。

　この章で理解していただきたかったこと。それは，会計の『収益』・『費用』と税務の『益金』・『損金』で差異が発生することがあるが，そのうち多数は『タイミングの違い』である，すなわち会計と税務の認識の時点の違いによるものであり，**将来的にはその認識時点の違いは解消される**ものということです。

　『タイミングの違い』は，今は違うけれども「将来」には解消されるということを理解してください。

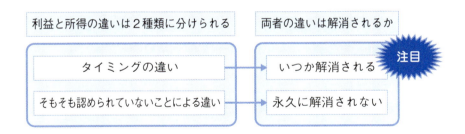

　当期の『タイミングの違い』と『そもそも認められていないことによる違い』は別表四にて調整を行います。そして当期のみならず，過去からの『タイミングの違い』の管理は別表五(一)で行われます。

　次章以降を学ぶうえでキーワードとなるのは『タイミングの違い』による会計と税務の差異です。ここまでが理解できたら，いよいよ本題の税効果会計のはなしに入っていきましょう。

申告書の提出時期

　法人税等の申告書は，原則として，決算日の翌日から2ヶ月以内に提出することになっています。

　ところが，特例があり，申請すれば，この申告期限を1ヶ月延長することが認められます。つまり，決算日の翌日から3ヶ月以内に提出すればいいことになるのです。

　なぜ，1ヶ月の延長が認められるのでしょうか？

　それは，株主総会の日程による事情からです。

　法人税法では，「確定した決算にもとづき」申告書を作成しなければいけないことになっています。所得は，会計上の利益からスタートしましたね。その利益は，確定した決算による利益でなければいけないということです。「確定」ということは，株主総会で承認を受けた決算書でなければいけないということです。

　会計監査を受けるような企業は，株主総会の開催日は，決算日から数えて，3ヶ月目まであと少しというところに設定するケースが多いですね。そうすると，決算日の翌日から2ヶ月以内では駄目なのです。

　もちろん，決算作業は当然，もっと早く終了しています。ただ，株主総会終了後でないと，申告書が提出できないのです。

　ちなみに，決算日の翌日から2ヶ月以内に納税を完了しないと，利子税（延滞税ではありません）がかかるので，申告書の提出は株主総会終了後でも，納税だけは2ヶ月以内に済ませてしまう企業が多いですね。

第2章

税効果会計って
何ですか？

1 税法と会計の世界に違いがありすぎると

ポイント

- 損益計算書の中で，法人税等だけは「収益」，「費用」の概念ではなく，「益金」，「損金」の概念である。
- 税引前当期純利益と法人税等が適切に対応しないことがある。
- 会計基準の新設・改訂があっても，税法のスタンスはあまり変わっていない。
- 会計と税法で，最も調整が多いのは，損金不算入である。

1 税引前当期純利益と法人税等の関係

損益計算書について考えてみましょう。

売上高	×××
売上原価	×××
売上総利益	×××
販売費および一般管理費	×××
営業利益	×××
営業外収益	×××
営業外費用	×××
経常利益	×××
特別利益	×××
特別損失	×××
税引前当期純利益	×××
法人税，住民税および事業税	×××
税引後当期純利益	×××

「収益」「費用」の概念

「益金」「損金」の概念

何を意味する？

損益計算書は会計の世界で作成される書類です。したがって，「収益」と「費用」から構成されており，最終的に利益が導き出されるはずです。

ところが，1ヶ所だけ「収益」，「費用」の概念とは違う世界のところがあります。それは**「法人税，住民税および事業税**（以下，**「法人税等」**といいます）」です。ここは**「益金」**，**「損金」**にもとづいて計算された金額が表示されています。

では，税引前当期純利益と法人税等との間に，明確な関係はあるのでしょうか？ 「収益」＝「益金」，「費用」＝「損金」であれば，「税引前当期純利益」＝「所得」となり，税引前当期純利益に対する税金だと説明ができます。ところが，第1章で説明したように，会計上の利益と税務上の所得は，必ずしも一致しません。

税引前当期純利益までは，その会計期間に**発生**している「収益」と「費用」を集計したものです。一方，法人税等は，その会計期間に**支払うべき税金**といえます。支払うべき税金は所得をベースに計算されていました。利益と所得の不一致分だけ，法人税等が税引前当期純利益に対応しなくなります。対応しないというのは，税引前当期純利益にもとづいて法人税等が計上されていないということです。

「税引前当期純利益が○○○千円だから，法人税等は○○千円になるのだね」と説明することはできないということです。「税引前当期純利益は○○○千円で，法人税等は○○千円です」という説明しかできません。税引前当期純利益がそれほど大きくないのに，法人税等がそれに比べて大きいという損益計算書はよく見かけます。

そうすると，税引前当期純利益から法人税等を控除した当期純利益って何を表すのか，という疑問が湧いてきます。

税引前当期純利益に対応した法人税等でないならば，ただ単純に引き算した結果である残額という説明しかできません。

また，極端なケースですが，税引前が赤字であるにもかかわらず，法人税等は発生しており，税引後はさらに赤字が大きくなるということもあります。決算書を読む人からすれば，なかなか理解することが難しいですね。

❷ 会計が税法の世界から離れていく

会計の世界では，財政状態の実態をより厳密に，期間損益計算の適正化をより厳密にという方向に動いています。

まだ売買は行われていないけれど，実質的には損失が出ている，まだ支払期限は到来していないけれど，その将来に発生する費用の原因は現時点で起こっている等々，実態をより会計に反映させようとしています。その結果何が起きるかというと，「**見積り**」の要素が増えてきます。

ところが，税法の世界では「見積り」の要素は基本的に排除されます。実態として確定している「益金」，「損金」しか認めません。

会計は国際化の流れもあり，ますます見積りの要素を加味した会計基準の新設・改訂が行われつつありますが，税法は基本的にスタンスを変えていません。その結果，会計と税務の取扱いの差が広がっていくことになります。

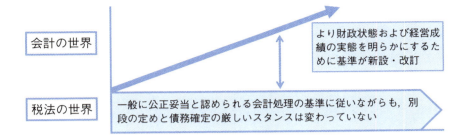

　会計と税務の取扱いで不一致になるケースを説明しましたが，このなかで，実務上最も多いのが「**損金不算入**」です。会計上は「費用」ですが，税務上は「損金」にはならないというパターンです。

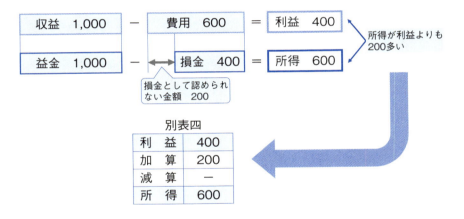

　加算した金額だけ，税引前の利益よりも所得は多くなります。それにもとづいて計算された法人税等も，当然多くなります。このような調整項目が増えれば増えるほど，所得は当初の税引前の利益とはまったく違った数字になっていくのです。

　その結果，所得にもとづいて計算される法人税等が，税引前当期純利益とますます対応しなくなるという状態が，解消されるどころか，増加

していくことになっています。

　これでは，経営成績の適切な報告という会計の目的が達成できなく
なってしまいます。

2 なぜ税効果会計を行うのか

ポイント

- 税金費用をあるべき費用にして，税引前当期純利益に合理的に対応させたい。
- 会計と税務の「タイミングの違い」による差異の部分の法人税等の計上時期を調整すれば，あるべき税金費用になる。
- 調整された税金費用は，貸借対照表の「繰延税金資産」または「繰延税金負債」に計上する。
- 繰延税金資産は，将来の税金を減額させる効果がある。
- 繰延税金負債は，将来の税金を増額させる効果がある。

❶ 会計基準を作ってまでして一体何がしたいのか？

前節のとおり，会計と税務の世界のギャップが拡がると，会計の世界である税引前当期純利益と，税法の世界である法人税等との対応関係がますますあいまいになります。

損益計算書は会計の世界で作成される書類です。したがって，「収益」と「費用」から構成されており，最終的に利益が導き出されます。会社の経営成績を表すものが損益計算書です。

では，会社の経営成績を表す「利益」はどこになるのでしょうか？

答えからいいますと，本来は税引後当期純利益です。しかし，法人税

等が「収益」「費用」とは違う概念から導かれているため，税引後当期
純利益の意味がはっきりしません。

理想とするP/L	税効果会計導入前のP/L

損益計算書（P/L）		損益計算書（P/L）	
売上高	×××	売上高	×××
売上原価	×××	売上原価	×××
売上総利益	×××	売上総利益	×××
販売費および一般管理費	×××	販売費および一般管理費	×××
営業利益	×××	営業利益	×××
営業外収益	×××	営業外収益	×××
営業外費用	×××	営業外費用	×××
経常利益	×××	経常利益	×××
特別利益	×××	特別利益	×××
特別損失	×××	特別損失	×××
税引前当期純利益	×××	税引前当期純利益	×××
あるべき税金費用	×××	法人税, 住民税および事業税	×××
税引後当期純利益	×××	税引後当期純利益	×××

違うってこと？

　少し別の観点から考えてみましょう。税引後当期純利益は「収益」か
ら「費用」を差し引いた金額です。ということは，法人税等も「費用」
です。「**税金費用**」ということができます。

　会計の世界では，「費用」と「収益」を合理的に対応させることを常
に考えます。「税金費用」も会計的にどうあるべきかと考えることがで
きます。

　税引前当期純利益に対応する税金費用はどのようなものかという発想
が出てきても不思議ではありません。

　会計の世界で考える『あるべき税金費用』は，結論からいってしまえ
ば，非常に単純なものです。税引前当期純利益に『対応』する『税金費

用』ですから，税引前当期純利益に税率を掛けて導いた数字が『あるべき税金費用』です。

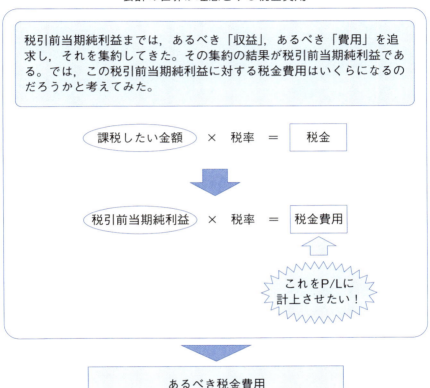

会計の世界が理想とする税金費用

あまりにも当たり前すぎるようなはなしです。ところが，実際に損益計算書に計上される『法人税，住民税および事業税』が『あるべき税金費用』と一致するとは限りません。なぜでしょうか？　それを知るために，第1章で税法の世界を学んできたのでしたね。

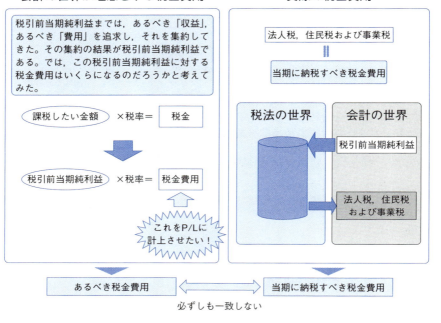

　この章では，第1章で学んだ知識を使いながら，どうすれば『あるべき税金費用』にすることができるかを学んでいきます。

❷ 会計と税法でなぜ違う結果になるのか

　ここは復習です。会計の世界の『あるべき税金費用』と税法の世界の『当期に納税すべき税金費用』が必ずしも一致しない理由は，「収益」=「益金」，「費用」=「損金」にならない場合があるから，「利益」（この場合は税引前当期純利益）と「所得」（課税所得）の額にズレが生じてしまうためでした。

　そして，そのズレが生ずる原因としては「タイミングの違い」と「そもそも認められないことによる違い」があるからでした。

　この2種類の原因によって，『あるべき税金費用』と『当期に納税すべき税金費用』は，ある事業年度では次のような不一致が生じると考えられます。

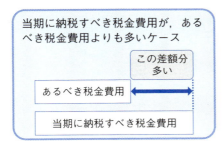
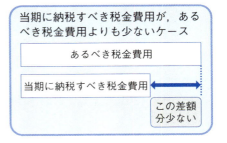

❸ ギャップを解消する会計処理が税効果会計

　『あるべき税金費用』と『当期に納税すべき税金費用』の不一致の原因は，ここまで学んできた皆さんはもうおわかりのはずです。

　原因がわかっているのであれば，その原因にもとづく税金費用を調整してあげれば，『あるべき税金費用』にすることができるのではないでしょうか。つまり，『あるべき税金費用』と『当期に納税すべき税金費

用』のギャップを調整する処理，具体的には調整する仕訳を『当期に納税すべき税金費用』の仕訳の他に加えてあげれば『あるべき税金費用』にすることができるのではないでしょうか。

会計の理想　

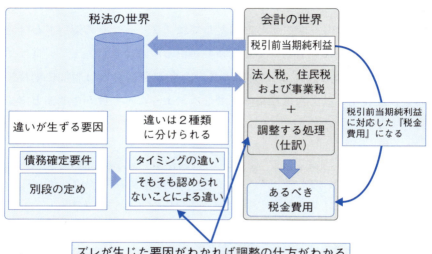

　ズレが生ずる原因（加算または減算）がなければ，『あるべき税金費用』＝『当期に納税すべき税金費用』になったはずです。しかし，ズレが生ずる原因（加算または減算）が発生した場合，2つの税金費用には差異が生じます。いくらでしょうか。「加算（または減算）×税率」ではないでしょうか。

> 加算（または減算）× 税率 ＝ 『あるべき税金費用』と『当期に納税すべき税金費用』との差額

　たとえば，加算した場合は，「加算×税率」だけ『あるべき税金費用』

から見ると税金費用が余分です。だから，この分を減らす処理（仕訳）を行えば『あるべき税金費用』になるはずです。

❹ 利益と所得の違いの影響を２期間で考えてみる

　もう少し具体的に考えてみましょう。調整することの意味をさらに理解しやすくするために，当期と将来の２期間を使って考えてみましょう。例として賞与引当金を使って考えてみることにします。×１期に賞与引当金1,000を計上し，翌期である×２期に賞与を支給したとします。損益計算書の作成と法人税等の計算をしてみましょう。税率は30％とします。

	×１期	×２期
収益	9,050	9,050
費用	7,050	7,050
税引前当期純利益	2,000	2,000
法人税等	900	300
税引後当期純利益	1,100	1,700

法人税申告書

	×１期	×２期
税引前当期純利益	2,000	2,000
加算	1,000	
減算		1,000
所得	3,000	1,000
法人税等（所得×30％）	900	300

　×１期：損金として認められない賞与引当金が1,000あったため**加算**
　　　　　した。
　×２期：×１期に否認した賞与引当金1,000は，×２期に損金として
　　　　　認められたので**減算**した。

会計上の『あるべき税金費用』について考えてみましょう。×１期，×２期のどちらも，税引前当期純利益は2,000ですから，税率が30％とするならば，『あるべき税金費用』は×１期，×２期のどちらも税引前当期純利益2,000×30％＝600になります。

	×1期	×2期
収益	9,050	9,050
費用	7,050	7,050
税引前当期純利益	2,000	2,000
法人税等	600	600
税引後当期純利益	1,400	1,400
税引前当期純利益×30%	600	600

　『あるべき税金費用』と『当期に納税すべき税金費用』の差額，そして差額の原因は次のようになります。

		×1期	×2期
あるべき税金費用	税引前当期純利益×30%	600	600
当期に納税すべき税金費用	所得×30%	900	300
		300 多い	△300 少ない

☆差額300の原因

×1	加算した1,000だけ所得が多い	⇒ 1,000×30%	= 300
×2	減算した1,000だけ所得が少ない	⇒△1,000×30%	=△300

　原因は賞与引当金でした。そしてその影響は×１期だけでなく，×２期にも及ぶことがわかります。さらに『あるべき税金費用』と『当期に納税すべき税金費用』の差額は２期を比べると**正反対**であることもわかります。

⑤ 「タイミングの違い」による差異はいつか解消される

×1期と×2期を通算して考えてみましょう。

		×1期	×2期	通算
会計	費用	1,000	―	1,000
税法	損金	―	1,000	1,000

差異は解消

　賞与引当金繰入額は，会計の世界では×1期に費用として認識しますが，税法の世界では損金として処理できません。しかし，×2期においては損金として処理することが認められます。×1期と×2期の2期間を通算した場合，会計と税法の金額は一致します。

　このように会計と税法の違いが将来期間を通算した場合，結果が一致するのは「タイミングの違い」による差異だけで，「そもそも認められないことによる違い」による差異は通算しても一致しません。

そもそも認められないことによる差異

		×1期	×2期	通算
会計	費用	1,000	―	1,000
税法	損金	―	―	―

差異は解消
されない

　まず，ここで理解してもらいたいことは，**「タイミングの違い」による会計と税法の差異は，将来いつか解消される**ということ，その差異は当期と将来の期では同額であり，かつ反対の差異であるということです。つまり，当期と将来の期の過不足額は同じであるということです。

6　2期間の過不足額をお互いに調整すればいい

　×1期，×2期のどちらも，会計と税法において「タイミングの違い」である賞与引当金1,000に対する税金300の差異が発生します。

差異の原因　賞与引当金　1,000　×　30％　＝　300

　注目すべきは，×1期，×2期で『**お互いに**』ズレるということです。しかも同額が反対の方向にズレます。

　お互いに『過大』であったり，『過少』であったりするのです。もしそうであれば，お互いの過不足額分を調整すれば，×1期，×2期のどちらも『あるべき税金費用』にすることができるはずです。

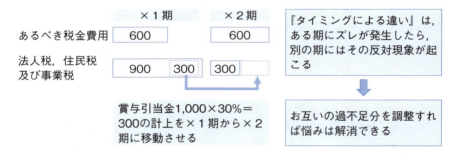

　『**お互いに**』というところがポイントです。上記の調整を損益計算書で表すとどうなるでしょうか。

第2章　税効果会計って何ですか？　57

	×1期		×2期	
収益	9,050		9,050	
費用	7,050		7,050	
税引前当期純利益	2,000		2,000	
法人税等	900		300	
法人税等調整額	△300	600	300	600
税引後当期純利益		1,400		1,400

　×1期は300だけ税金費用を減らし，×2期は300だけ税金費用を増や
しました。つまり，×1期で計上していた税金費用のうち300を×2期
に移動させたということです。その結果，どちらの期も税金費用は600
になり，『**あるべき税金費用**』にすることができました。

　会計処理ではどのように表現するのでしょうか。

×1期

（借）繰延税金資産	300	（貸）法人税等調整額	300

×2期

（借）法人税等調整額	300	（貸）繰延税金資産	300

　損益計算書に「**法人税等調整額**」がありました。これは，税金費用の
科目になります。×1期の仕訳では貸方にあるので，費用のマイナスに
なります。一方，×2期の仕訳では借方にあるので，費用のプラスにな
ります。

　それでは，相手科目の「**繰延税金資産**」は一体どのような科目なので
しょうか。これについては後で詳しく説明しますので，現段階ではマイ
ナスした費用を一時的に貸借対照表に置いておく科目，というくらいに
理解しておいてください。

いかがでしょうか。困るのは×１期だけでなく，×２期も困るのです。理由は差異の原因となる賞与引当金が『お互い』に会計と税法で逆の動きをするからです。しかし，その差異原因である賞与引当金の税金費用分だけ『お互い』に**調整し合えば**，どちらも『あるべき税金費用』になるということがわかりました。

このように『お互い』に困るというのは『タイミングの違い』による差異だけです。『そもそも認められないことによる違い』による差異は発生した事業年度こそ困りますが，将来逆のパターンで困るということはありません。したがって，『そもそも認められないことによる違い』による差異は**調整しようがありません**。税効果会計として調整の対象となる差異は『タイミングの違い』による差異だけです。

ここで税効果会計とは何かをまとめてみます。

> 税効果会計は，『法人税等の額を適切に期間配分』して税金費用を控除する前の当期純利益と合理的に対応させる手続である

重要なポイントは，『会計と税法の認識のタイミングが違うところ』が税効果会計の対象となることです。つまり，『タイミングの違い』による差異が税効果会計による調整の対象となるということです。会計と税法で認識できるタイミングが違うだけの話であり，将来において通算すれば差異は解消されます。

> 『タイミングの違い』による差異が税効果会計による調整の対象となる

合理的に対応させるのは「**今**」だけではなく「**将来**」も，ということ

第2章　税効果会計って何ですか？　　59

> 将来のことを考えて今処理を行うのが税効果会計である。今と将来をセットで考える。「今も違うし，将来も違う」…この問題を解決する

　法人税等の額を適切に期間配分するためには，その原因（タイミングの違いによる差異）の把握と時期（いつ減算あるいは加算するのか）を把握できなければなりません。そのためには，税務上の動きを見なければなりません。その動きをつかむ場所が別表四や別表五（一）なのです。

　したがって，別表四と別表五（一）の理解がまだ不十分な方は，第1章でもう一度よく復習したうえで，次の第3章に進んでください。

❼ 繰延税金資産と繰延税金負債

（1）繰延税金資産という資産

　損益計算書においては，法人税等の計上タイミングを調整するために「法人税等調整額」という科目を用いて税引前の利益に税金費用を適切に対応させることができるはなしをしてきました。

　❻において，法人税等調整額の相手科目である『繰延税金資産』という貸借対照表科目については，あえて詳しく説明はしてきませんでした。

　ここでは，『繰延税金資産』という資産の意味についてじっくりと考えてみたいと思います。

　何を考えるのかというと，「繰延税金資産はどういう**資産**なのか？」ということです。

税金費用を繰り延べたのだから，最初に思い描くイメージは『前払費用』ではないでしょうか。実は違うのです。未経過の税金費用を繰り延べたということではないのです。もし，未経過の税金費用ということであれば，しかるべき計上のタイミングが訪れた時期に費用計上すればよく，**その将来の時期の会社の状況・法令等の外部環境等は関係ありません**。

　そうではないのですね。私たちがこれから学ぶ繰延税金資産は，**将来の状況をよく考えた結果**として決まってくるものなのです。

　❹・❺・❻の設例のように，将来，所得を減らすことにより，法人税等を減額させる事実が発生している場合の仕訳は，次のようになります。

（借）繰 延 税 金 資 産　　　×××　（貸）法人税等調整額　　　×××

　貸方の「法人税等調整額」は，あるべき税金費用にするために多すぎる税金費用を減らす作業です。

　一方，借方の「繰延税金資産」は次のように考えます。今の時点で加算したものは，将来において減算される予定です。このとき，もし将来**十分な課税所得があるという前提**で「減算」がある場合には，減算した分だけ所得が減ります。その結果，「減算」がなかった場合よりも，法人税等は減少します。「減算」に対応する法人税等の分だけ**支出が抑えられる**ということになります。将来の納税額を抑えられるということです。

第2章　税効果会計って何ですか？　　61

×1期	
税引前当期純利益	2,000
加算	1,000
減算	
課税所得	3,000

法人税等　　　　　900
（課税所得×30%）

現在から見た期待

税引前当期純利益2,000×30%＝600だけでなく，加算1,000に対する税金1,000×30%＝300の合計900を納税することになる

↓

あるべき税金費用と比べたら

加算分1,000に対する税金1,000×30%＝300だけ**余分に納税**することになる

(借)繰延税金資産　300　(貸)法人税等調整額　300

これから支払う余分な納税額300を将来取り戻すチャンスがある（貨幣的価値あり）

×2期	
税引前当期純利益	2,000
加算	
減算	1,000
課税所得	1,000

法人税等　　　　　300
（課税所得×30%）

もし×2期の税引前当期純利益が2,000と予想されるなら，2,000×30%＝600から減算予定1,000に対する税金分1,000×30%＝300を差し引くことができ，300の納税で済むはず

↓

×1期に余分に納税することになる300を×2期で取り戻すチャンスがある

(借)法人税等調整額　300　(貸)繰延税金資産　300

予定どおり取り戻せる場合には役目を果たせる（納税額と相殺して回収完了）

　これは結局，現在の税金計算では「加算」分だけ余分に法人税等を支払うことになるけれども，逆に将来は「減算」により**先に支払った分を取り戻すこと（回収すること）が期待できる**ということです。決まっているわけではありません。そのときに課税所得がなければ意味がありません。**取り戻す（回収する）チャンス**があるということです。繰延税金資産は**回収見込額**なのです。

　既出の費用の前払いと捉えるか，将来回収できる見込額（予定額）と捉えるかで，条件によっては結論が変わってくることがあるのです。それについては第4章で詳しく学ぶことにしますので，現段階では，2通りの考え方があるが，税効果会計の制度上の考え方としては**回収見込額として捉える方式を採用**していると覚えてください。

（2）繰延税金負債という負債

　一方，将来，所得を増やすことにより，法人税等を増額させる事実が発生することもあります。当初は減算を行い，将来の所得計算において加算することです。仕訳は次のようになります。

（借）法人税等調整額　　　×××　　（貸）繰延税金負債　　　×××

　借方の「法人税等調整額」はあるべき税金費用にするために少ない税金費用を増やす作業です。

　では，貸方の「繰延税金負債」はどのような意味をもつのでしょうか。まず，事実の発生段階においては，減算した分だけ法人税等を支払ってはいません。しかし，将来においては，加算により，法人税等の納税額を増額させることになります。

	×1期	×2期
収益	9,050	9,050
費用	7,050	7,050
税引前当期純利益	2,000	2,000
法人税等	300	900
法人税等調整額	300　　600	△300　　600
税引後当期純利益	1,400	1,400

法人税申告書

		×1期	×2期
税引前当期純利益		2,000	2,000
加算			1,000
減算		1,000	
所得		1,000	3,000
法人税等（所得×30%）		300	900

×1期

（借）法人税等調整額	300	（貸）繰延税金負債	300

×2期

（借）繰延税金負債	300	（貸）法人税等調整額	300

　この将来の法人税等の増額分の原因は，**現在の「減算」**です。将来の法人税等の負担分は現時点で見込めるわけです。これを負債として認識するのです。債務が発生していると考えるわけです。

税効果会計基準が税法の呪縛を解いた

　税効果会計の制度が日本で正式に導入されたのは，平成11年4月1日以後開始する事業年度からです。この時期は，ちょうど『会計ビッグバン』と呼ばれ，日本の会計制度が大々的に変わり始めたときです。

　会計ビッグバンの目的は，国際化への対応です。その国際化への対応の1つに，時価主義の導入があります。金融商品会計，退職給付会計，減損会計など，貸借対照表上の価値を現在価値で評価するという概念が取り入れられるようになってきました。

　現在価値の算出には，見積要素が多分に入ります。より資産・負債の実態を時価に近づけようとすると，実現しているか否かに関係なく，会計取引として認識することになります。

　ところが，税務上は，あくまでも取得原価主義を基本とする姿勢を変えていません。

　そのため，会計と税務の乖離が，会計ビッグバン以前より激しくなっていきます。この乖離が顕著になるほど，会計と税務の調整作業がどうしても必要であり，また重要になってきます。このような環境下で税効果会計制度が導入されることになったのです。

　税効果会計制度の導入により，会計は税務の制約にとらわれることなく，会計の国際化へ舵を切ることへの条件が整うことになりました。

　税効果会計は，日本が時価主義会計へ向かうための必要不可欠な条件だったのです。

第**3**章

税効果会計のしくみ

1 会計と税務の違いをピックアップする

ポイント

- ●会計上の「資産」,「負債」と,税務上の「資産」,「負債」の認識時点の違いを「一時差異」という。
- ●将来の所得を減らす効果がある一時差異を,将来減算一時差異という。
- ●将来の所得を増やす効果がある一時差異を,将来加算一時差異という。
- ●法人事業税も一時差異である。
- ●繰越欠損金も,将来減算一時差異であり,「一時差異に準じるもの」という。
- ●「一時差異」と「一時差異に準じるもの」を合わせて,「一時差異等」という。

① 一時差異

いよいよ,本格的に税効果会計の世界に入っていきましょう。まず,少しだけ復習から。会計と税務で,計上の**タイミングがズレている**取引があるため,各期の実際の法人税等は税引前の利益とは対応していませんでした。そこで,法人税等調整額によって,ズレた分の法人税等の費用の計上タイミングを調整する手続が税効果会計でした。

このズレはいつか解消されるものでした。この会計と税務のズレのことを「**一時差異**」といいます。以後は「一時差異」として説明していきます。

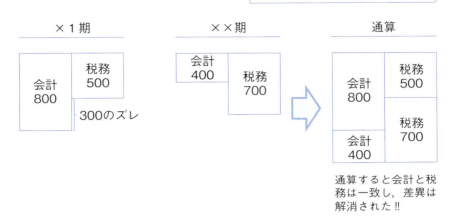

　会計と税務に違いが出てくる原因としては，もう1つありましたね。**「そもそも認められないことによる違い」**です。税法の世界の政策上の理由等により**「益金」，「損金」として取り扱わない**ということでした。

　「そもそも認められないことによる違い」は税効果会計の対象とはなりません。なぜならば，調整された法人税等が，将来どこかで**再び計上される時期は訪れないから**です。

　したがって，まずは，**税効果会計の対象となる一時差異は何か**を把握するところから始まります。

　また，一時差異には2つのパターンがあります。1つは当初加算しておいて将来減算するパターン，もう1つは当初減算しておいて将来加算するパターンです。前者を**「将来減算一時差異」**といい，後者を**「将来加算一時差異」**といいます。

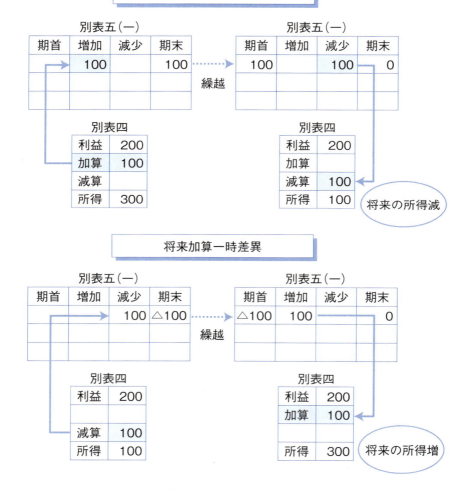

　将来減算一時差異は，将来の所得を減らすため，法人税等を減額させる効果があります。一方，将来加算一時差異は，将来の所得を増やすため，法人税等を増額させる効果があります。

　この将来の法人税等を減額させる効果のあるもの，法人税等を増額させる効果のある原因となるものを探せばいいのです。一時差異は，まさ

にその原因となるものです。

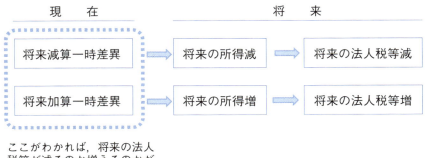

ここがわかれば，将来の法人税等が減るのか増えるのかが見える!!

❷ 「将来減算一時差異」と「将来加算一時差異」を探す

　「将来減算一時差異」と「将来加算一時差異」を把握するところからが税効果会計のスタートです。ここまで読み進めていただくと，会計と税務の違いがわかるところを探せばいいということがわかりますね。会計をベースにして，そこから差異の調整が行われるところはどこだったでしょうか。そうです。**別表四**と**別表五（一）**ですね。この2表こそ，**会計と税務の違いを調整する表**でした。ここで税効果会計の対象となる差異は**ほぼ把握**できます。

$\overset{\bullet\bullet}{\text{ほぼ}}$把握？

すべてじゃないのでしょうか？

　残念ながらすべてではないのです。それは後で説明しますので，まずは別表四と別表五（一）で調整される項目に注目しましょう。

別表四		
利益		×××
加算	タイミングの違い A	aaa
	そもそも認められないことによる違い	×××
減算	タイミングの違い B	bbb
	そもそも認められないことによる違い	×××
所得		×××

当期はまだ損金にならない

別表五（一）				
区分	期首	減少	増加	期末
賞与引当金			aaa	aaa
商品評価損	bbb	bbb		

将来，減算予定の一時差異

当期に損金になる

　私たちが探したいのは，現在の事業年度の税金計算の過程で，加算または減算したものが，将来の税金計算で，再び減算または加算される予定のものです。すなわち，『タイミングの違い』の調整項目です。

> 別表四　⇒　別表五（一）　⇒　別表四

という動きをするものです。

　別表四の加算または減算は，**その年度に生じた**会計と税務のズレを調整するために行うものと，**過去に生じた**会計と税務のズレを解消するために行うものがあります。新規の調整のみならず，過去からの分の調整を含めて現在の状況を管理する表が別表五（一）です。ここで網羅的に確

認することができます。

　したがって，まずは別表四と別表五（一）で調整される『タイミングの違い』には何があるかを把握する作業に全力を挙げましょう。

　実際には，一時差異としてどのようなものがあるのでしょうか？　参考までに具体例を一部挙げてみます。

一時差異	申告調整項目
将来減算一時差異	棚卸資産評価損 未払事業所税 賞与引当金 貸倒引当金 繰延資産 有価証券評価損 一括償却資産 減価償却超過額 減損損失 退職給付引当金 役員退職慰労引当金
将来加算一時差異	圧縮積立金 特別償却準備金

❸　法人事業税も一時差異

　❷で会計と税務における『タイミングの違い』を調整する項目が一時差異になるというはなしをしました。その中で1つだけ忘れがちな調整項目があります。それは何かというと**法人事業税（地方法人特別税も含む）**です。

　法人事業税は，計上したときではなく，実際に申告の期限がきた時期

において損金になる経費でした。しかし，納税するときには通常「未払法人税等」のような負債科目を取り崩して処理するため，「費用」としては処理されません。したがって，『タイミングの違い』による将来減算一時差異となります。

　ところが，他の一時差異と違い，事業税は税金計算を行う前に把握できるものではなく，**税金計算後**に把握できるものです。

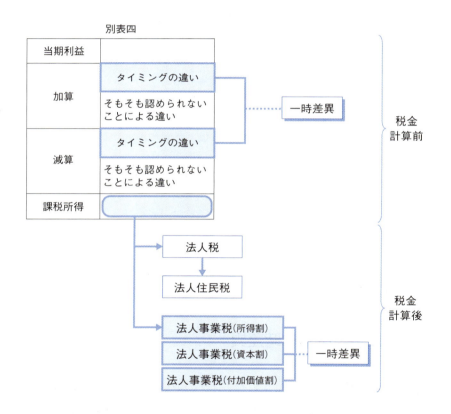

　把握できるタイミングが他の一時差異と違うので，うっかり一時差異の集計から漏らさないように気をつけましょう。

④ 繰越欠損金も将来の課税所得を減らす効果がある

　税務では，所得は益金から損金を控除するという形で計算し，益金よりも損金のほうが大きい場合は，所得はマイナスになります。これを『**欠損金**』といいました（第1章第2節❿参照）。

　この欠損金は，将来，**所得が発生した年度において充当**することができます。翌期以降に繰り越すことができるため『**繰越欠損金**』というのでしたね。

　一定の条件はつきますが，将来の所得に充当することができるということは，**減算することと同じ効果**があります。つまり，**将来減算一時差異と同じ働き**をします。

> **繰越欠損金は，将来減算一時差異と同様の効果がある !!**

　したがって，繰越欠損金も，税引前の利益に関係なく，所得を減らす効果があるため，税効果会計の対象となります。

　この繰越欠損金は，将来減算一時差異と同じ効果があるものですが，会計と税務のタイミングのズレの定義とは異なるものであるため，一時差異とはいいません。『**一時差異に準じるもの**』といいます。

> **繰越欠損金は，「一時差異に準じるもの」として扱い，税効果会計の対象となる。**

　そして，「一時差異」と「一時差異に準じるもの」を合わせて『**一時差異等**』といいます。

　この繰越欠損金も法人事業税と同様に，別表四の所得までの計算過程

で発生する金額ではないため，どうしても集計が漏れてしまうことがありますので気をつけましょう。

別表四

当期利益	
加算	タイミングの違い
	そもそも認められないことによる違い
減算	タイミングの違い
	そもそも認められないことによる違い
課税所得	マイナスになった場合

一時差異

一時差異に準じる差異

2 税金への影響額を計算する

ポイント

● 税金費用を調整するために,「法定実効税率」を用いる。
● 法定実効税率は, 法人事業税が損金になるので, 表面税率より下がる。
● 一時差異等に法定実効税率を掛けて繰延税金資産, 繰延税金負債を計算する。

① 法定実効税率を求める

(1) 法定実効税率

　税効果会計は, 税引前当期純利益と税金費用を合理的に対応させるために調整を行う手続でした。ここでは, 調整すべき税金費用, すなわち法人税等調整額, 資産に計上すべき繰延税金資産, 負債に計上すべき繰延税金負債はいくらになるかを求めるうえで必要となる税率のはなしをします。

　これまでは, 一時差異等に掛ける税率は「仮に」という前提ではなしを進めてきました。ここからは, 実際に用いる税率のはなしをしていきます。

　第1章でも説明しましたが, 税効果会計の対象となる税金の基本形は, 次のとおりです。

- ●法人税
- ●法人住民税（都道府県，市町村）
- ●法人事業税

　法人事業税は，「所得割」が対象となり，「付加価値割」，「資本割」は，所得を課税標準としないため，税効果会計の対象とはなりません。

　法人税，法人住民税，法人事業税の計算のしくみについては，第1章で説明しました。調整手続を厳密に行うのであれば，一時差異等だけで，それぞれもう一度同じ手順で計算を行えば求められるのですが，実際にはそこまで細かく計算はしません。**合理的な税率**を用いて一度に計算します。

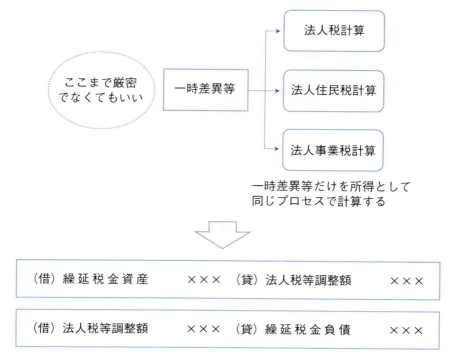

```
（借）繰延税金資産    ×××  （貸）法人税等調整額   ×××
```

```
（借）法人税等調整額   ×××  （貸）繰延税金負債    ×××
```

それでは、合理的な税率ってどんな税率なのでしょうか？

改めて、法人税、法人住民税、法人事業税（所得割に限る）の計算方法を確認しましょう。

- ●法人税額　 ＝　課税所得　×　法人税率
- ●法人住民税　＝　法人税額　×　住民税率
- ●法人事業税　＝　課税所得　×　事業税率

法人住民税も計算式を見れば、課税所得を課税標準とするならば、

法人住民税 ＝ （課税所得×法人税率） × 住民税率

で計算できます。

ということは、**所得**に対して、すべての税率を合計すればいいのではないかと思いませんか？

この単純に税率を合計したものを**表面税率**、または合計税率といいますが、実際の税負担額は、所得に表面税率を掛けた金額よりも**少なく**なります。

その理由は，**法人事業税は申告する年度において損金算入されるから**です。前期において未払計上された事業税は，翌期に損金算入されます。そのため，所得計算において，前期の未払事業税の分だけ所得が少なくなるのです。利益から導かれる所得から，損金算入された事業税額を差し引いた額が，**課税所得**となるのです。

これを踏まえて，合理的な税率を計算してみましょう。

理論上は，所得に合理的な税率を掛けた金額が法人税等となります。この合理的な税率を「**法定実効税率**」といいます。

$$\boxed{所} \times 法定実効税率 = 法人税 + 法人住民税 + 法人事業税$$

所：所得

前頁の式を展開してみます。まず，法人税，法人住民税，法人事業税は次のような式になります。

法人税＝課税所得×㊋＝(所－法人事業税)×㊋

法人住民税＝法人税×㊝＝(所－法人事業税)×㊋×㊝

法人事業税＝課税所得×㊊＝(所－法人事業税)×㊊

㊋：法人税率

㊝：法人住民税率

㊊：法人事業税率

この3式にいずれも含まれている「法人事業税」を最初に計算してみ

る必要がありそうです。

法人事業税＝課税所得×㊙ ＝（㊟－法人事業税）×㊙

を展開してみます。

法人事業税＝（㊟－法人事業税）×㊙＝㊟×㊙－法人事業税×㊙

法人事業税＋法人事業税×㊙＝㊟×㊙

（1＋㊙）×法人事業税＝㊟×㊙

$$法人事業税＝\frac{㊙}{（1＋㊙）}×㊟$$

それでは，この法人事業税の式を，法人税にあてはめて計算してみましょう。

$$法人税＝\left(㊟－\frac{㊙}{（1＋㊙）}×㊟\right)×㊋$$

$$＝\left(1－\frac{㊙}{（1＋㊙）}\right)×㊟×㊋$$

$$＝\left(\frac{1＋㊙－㊙}{（1＋㊙）}\right)×㊟×㊋$$

$$＝\frac{1}{（1＋㊙）}×㊋×㊟$$

次に，法人住民税にあてはめて計算してみましょう。法人住民税は，法人税に法人住民税率を掛ければいいので，法人税の式に，住民税率を掛ければいいのです。

$$法人住民税＝法人税×㊤＝\frac{1}{（1＋㊙）}×㊋×㊤×㊟$$

ここで，最初の式を改めて確認しましょう。

$$\boxed{所} \times 法定実効税率 = 法人税 + 法人住民税 + 法人事業税$$

実効税率を求めるには，法人税，法人住民税，法人事業税の合計を，所得で割ればいいことがわかります。

$$法定実効税率 = \frac{法人税 + 法人住民税 + 法人事業税}{\boxed{所}}$$

$$= \frac{\overbrace{\dfrac{1}{(1+\text{事})} \times \text{法} \times \boxed{所}}^{法人税} + \overbrace{\dfrac{1}{(1+\text{事})} \times \text{法} \times \text{住} \times \boxed{所}}^{法人住民税} + \overbrace{\dfrac{\text{事}}{(1+\text{事})} \times \boxed{所}}^{法人事業税}}{\boxed{所}}$$

$$= \frac{1}{(1+\text{事})} \times \text{法} + \frac{1}{(1+\text{事})} \times \text{法} \times \text{住} + \frac{\text{事}}{(1+\text{事})}$$

$$= \frac{\text{法} + \text{法} \times \text{住} + \text{事}}{1+\text{事}}$$

よって

$$= \frac{\text{法} \times (1+\text{住}) + \text{事}}{1+\text{事}}$$

これが，法定実効税率といわれる理論上の税率です。

$$法定実効税率 = \frac{法人税率 \times (1+法人住民税率) + 法人事業税率}{1+法人事業税率}$$

表面税率を（1＋法人事業税率）で除した分だけ，税率が表面税率よりも下がることがわかります。

数式がたくさん出てきて難しそうに見えますが，法人税，法人住民税，法人事業税の各式の最後のかたちを，落ち着いてみてください。すべて

$\frac{1}{(1+事)}$を掛けているだけです。$\frac{1}{(1+事)}$だけ，単純に所得に各税率を掛けた金額よりも，低い金額になるということです。

(2) 具体的に法定実効税率を求めてみる

ここまで第1章第2節❾で補足したように，**地方法人税は法人住民税の一部，特別法人事業税は法人事業税の一部**であり，創設される前とトータルでは税額が変わらないということで「法人税」，「法人住民税」，「法人事業税」という概念で説明をしてきましたが，いざ，皆さんが実際の税率を使って法定実効税率を求めてみようとするならば，地方法人税の税率も特別法人事業税の税率も考慮して計算しなければなりませんね。

もう一度24頁の図を確認していただきたいのですが，まず，地方法人税は法人住民税の一部です。地方法人税も法人住民税と計算方法は同じで，法人税に税率を掛けて求めます。

特別法人事業税は法人事業税（所得割）と計算方法は同じで，所得に税率を掛けて求めます。

それでは，具体的に法定実効税率を求めてみましょう。次のような税率の場合，法定実効税率は何％になるでしょうか。

税目等	税率
法人税	23.2%
法人住民税	10.4%
地方法人税	10.3%
法人事業税	1.18%
特別法人事業税	2.6%

もともと1つだった　　もともと1つだった

$$法定実効税率 = \frac{法人税率 \times (1 + 法人住民税率 + 地方法人税率) + 法人事業税率 + 特別法人事業税率}{1 + 法人事業税率 + 特別法人事業税率}$$

もともと1つだった

$$法人実効税率 = \frac{23.2\% \times (1 + 10.4\% + 10.3\%) + 1.18\% + 2.6\%}{1 + 1.18\% + 2.6\%} = 30.62\%$$

表面税率は23.2％＋23.2％×（10.4％＋10.3％）＋1.18％＋2.6％＝31.7824％ですから，法定実効税率のほうが，税率が低いことがわかりますね。

（3）複数に事業所が存在する場合

第1章でも説明しましたが，法人住民税と法人事業税は，各自治体が独自に税率を定めることができます。そのため，支店や工場などが本社以外の場所に複数ある場合には，税率が異なる場合があります。

このような場合，それぞれの税率に応じた法定実効税率を複数用意して，別々に影響額を計算するということはしません。

複数の事業所が存在する場合，**代表的な事業所に適用される税率**をもとに法定実効税率を算定します。一般的には，本社などの主たる事業所を代表的な事業所として取り扱います。

法定実効税率は，合理的と考えられる税率です。実際に納税額を計算するわけではありませんので，合理的と考えられる範囲で決めればいいのです。

これで，ようやく調整すべき税金費用を計算するための準備が整いました。

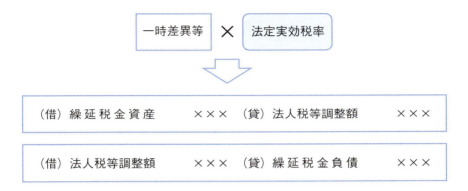

❷ 繰延税金資産・繰延税金負債の計算

　一時差異等を集計することができ，かつ，法定実効税率が把握できたら，繰延税金資産，繰延税金負債を計算してみましょう。なお，法定実効税率は30%とします。

【将来減算一時差異】

項目	一時差異等 ①	実効税率 ②	繰延税金資産 ③＝①×②
棚卸資産評価損	2,000	30%	600
貸倒引当金	3,000	30%	900
賞与引当金	6,000	30%	1,800
未払事業所税	4,500	30%	1,350
未払事業税	9,900	30%	2,970
一括償却資産超過額	800	30%	240
減価償却超過額	7,000	30%	2,100
繰延資産償却超過額	1,900	30%	570
投資有価証券評価損	5,000	30%	1,500
退職給付引当金	8,500	30%	2,550
役員退職慰労引当金	22,000	30%	6,600
合計	70,600		21,180

【将来加算一時差異】

項目	一時差異等 ①	実効税率 ②	繰延税金負債 ③＝①×②
特別償却準備金	2,500	30%	750
圧縮積立金	700	30%	210
合計	3,200		960

　将来減算一時差異の合計額は70,600です。将来どこかの時点で，70,600は減算されて差異は解消されます。この一時差異の法人税等の影響額が，法定実効税率を掛けた金額で21,180となります。

　一方，将来加算一時差異は3,200です。将来どこかの時点で3,200は加算されて差異は解消されます。この一時差異の法人税等の影響額が，法定実効税率を掛けた金額で960となります。

【将来減算一時差異】

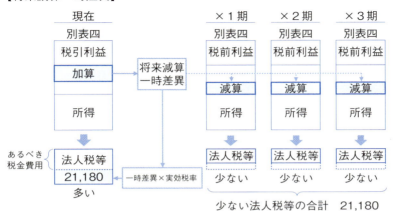

【将来加算一時差異】

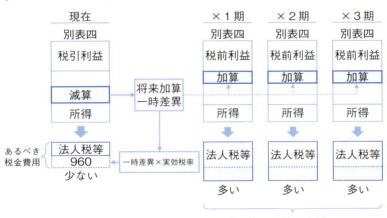

❸ 仕訳を計上する

(1) 一時差異等発生時

84頁の表のケースで仕訳を計上してみます。

【将来減算一時差異】

| （借）繰延税金資産 | 21,180 | （貸）法人税等調整額 | 21,180 |

【将来加算一時差異】

| （借）法人税等調整額 | 960 | （貸）繰延税金負債 | 960 |

以上が、一時差異等が発生したときの仕訳になります。

第3章　税効果会計のしくみ　87

（2）一時差異等解消時

　前期発生した一時差異等の項目のうち，当期に一部が解消された場合を考えてみましょう。

【将来減算一時差異】

項目	前期			当期	期末			増減
	一時差異等	実効税率	繰延税金資産	減算	一時差異等	実効税率	繰延税金資産	
	①	②	③＝①×②	④	⑤＝①－④	⑥	⑦＝⑤×⑥	⑦－③
棚卸資産評価損	2,000	30%	600	－	2,000	30%	600	－
貸倒引当金	3,000	30%	900	－	3,000	30%	900	－
賞与引当金	6,000	30%	1,800	6,000	－	30%	－	△1,800
未払事業所税	4,500	30%	1,350	4,500	－	30%	－	△1,350
未払事業税	9,900	30%	2,970	9,900	－	30%	－	△2,970
一括償却資産超過額	800	30%	240	200	600	30%	180	△60
減価償却超過額	7,000	30%	2,100	－	7,000	30%	2,100	－
繰延資産償却超過額	1,900	30%	570	－	1,900	30%	570	－
投資有価証券評価損	5,000	30%	1,500	－	5,000	30%	1,500	－
退職給付引当金	8,500	30%	2,550	－	8,500	30%	2,550	－
役員退職慰労引当金	22,000	30%	6,600	－	22,000	30%	6,600	－
合計	70,600		21,180	20,600	50,000		15,000	△6,180

【将来加算一時差異】

項目	前期			当期	期末			増減
	一時差異等	実効税率	繰延税金負債	加算	一時差異等	実効税率	繰延税金資産	
	①	②	③＝①×②	④	⑤＝①－④	⑥	⑦＝⑤×⑥	⑦－③
特別償却準備金	2,500	30%	750	500	2,000	30%	600	△150
圧縮積立金	700	30%	210	200	500	30%	150	△60
合計	3,200		960	700	2,500		750	△210

【将来減算一時差異】

（借）法人税等調整額	6,180	（貸）繰延税金資産	6,180

【将来加算一時差異】

（借）繰延税金負債	210	（貸）法人税等調整額	210

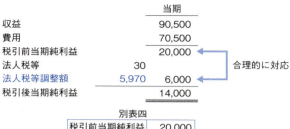

(3) 発生と解消が混在する場合

前記（1）と（2）は，理解を容易にするために，論点を単純化して考えてみました。しかし，実際には，その決算期で，一時差異等が，新たに発生するだけでなく，過去の一時差異等について解消されるものがあるなど，混在しています。

【将来減算一時差異】

項目	前期			当期		期末			増減
	一時差異等	実効税率	繰延税金資産	減算	加算	一時差異等	実効税率	繰延税金資産	
	①	②	③=①×②	④	⑤	⑥=①-④+⑤	⑦	⑧=⑥×⑦	⑧-③
棚卸資産評価損	2,000	30%	600	—	—	2,000	30%	600	—
貸倒引当金	3,000	30%	900	—	1,800	4,800	30%	1,440	540
賞与引当金	6,000	30%	1,800	6,000	7,000	7,000	30%	2,100	300
未払事業所税	4,500	30%	1,350	4,500	4,900	4,900	30%	1,470	120
未払事業税	9,900	30%	2,970	9,900	9,500	9,500	30%	2,850	△120
一括償却資産超過額	800	30%	240	400	1,000	1,400	30%	420	180
減価償却超過額	7,000	30%	2,100	600	—	6,400	30%	1,920	△180
繰延資産償却超過額	1,900	30%	570	200	—	1,700	30%	510	△60
投資有価証券評価損	5,000	30%	1,500	—	15,000	20,000	30%	6,000	4,500
退職給付引当金	8,500	30%	2,550	100	500	8,900	30%	2,670	120
役員退職慰労引当金	22,000	30%	6,600	—	1,100	23,100	30%	6,930	330
合計	70,600		21,180	21,700	40,800	89,700		26,910	5,730

【将来加算一時差異】

項目	前期			当期		期末			増減
	一時差異等	実効税率	繰延税金負債	加算	減算	一時差異等	実効税率	繰延税金資産	
	①	②	③=①×②	④	⑤	⑥=①-④+⑤	⑦	⑧=⑥×⑦	⑧-③
特別償却準備金	2,500	30%	750	500	—	2,000	30%	600	△150
圧縮積立金	700	30%	210	—	200	900	30%	270	60
合計	3,200		960	500	200	2,900		870	△90

【将来減算一時差異】

| （借）繰 延 税 金 資 産 | 5,730 | （貸）法人税等調整額 | 5,730 |

【将来加算一時差異】

| （借）繰 延 税 金 負 債 | 90 | （貸）法人税等調整額 | 90 |

上記の仕訳例は，前期末の繰延税金資産・繰延税金負債と，当期末の繰延税金資産・繰延税金負債を比べて，増減分を計上する方法です。

このほか，前期末の繰延税金資産・繰延税金負債をいったん取り崩し，当期末の繰延税金資産・繰延税金負債を計上する，いわゆる洗替え方式による計上の仕方もあります。

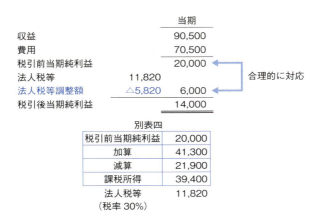

気になる税率改正

　税率の変更があった場合には，繰延税金資産，繰延税金負債は，新たな法定実効税率にもとづいて，再計算する必要があります。

　それでは，この再計算のタイミングは，いつからになると思いますか？

　新税率の施行日かと思いきや，そうではないのです。

　国会で成立したときになるのです。

　国会で成立した日の属する決算期に，修正を行うことになります。

　一般的に，税制改正法案は，３月までに国会で可決され，３月中に公布，４月１日以後施行というパターンが多いです。３月決算の会社は，３月末までに国会で成立した場合，決算で，新税率にもとづいた法定実効税率で計算しなければいけなくなりますね。

　したがって，いつ国会で成立するのかというのは，とても気になるところです。

　もし，法定実効税率が大きく変わって，利益に相当の影響を与えたらどうなるでしょうか。上場企業でしたら，決算の修正発表が必要となりますね。

　経理担当者としては，税率が変わるよというはなしを聞くと，これは忙しくなるなと感じて，ドキドキするのです。できれば，新税率になるタイミングがいつになるのか早くわかったほうが助かりますね。

第 **4** 章

繰延税金資産はすべて
計上できるわけではない

1 繰延税金資産はすべて計上できるわけではない

ポイント

● 将来の納税額を減らす効果が認められない繰延税金資産は計上できない。

● 繰延税金資産が回収できるかどうかは，将来の所得計算をシミュレーションすることで判定する。

● 繰延税金負債も，事業の休止等の理由により，明らかに将来の税金の支払が見込めない場合には計上できない。

① 税引前当期純利益に税金費用が対応するための条件

　第2章第2節において，税効果会計は『タイミングの違い』による差異が発生した事業年度と解消される事業年度の『お互い』に過不足となる損益計算書の税金費用を調整する手続であるということを学びました。『今』と『将来』をセットで考えるということでした。

　また，将来減算一時差異が発生した事業年度においては，次のような仕訳が計上されます。

（借）繰延税金資産　　　×××　（貸）法人税等調整額　　　×××

　借方の『繰延税金資産』の意味は，加算したことにより余分に支払う納税額を将来取り戻す（回収する）見込みがあるということで資産としての価値があるということでした。

第4章 繰延税金資産はすべて計上できるわけではない

実はこれまでの学習には暗黙の了解事項として『**想定している前提**』がありました。今までは，その『**想定している前提**』のもとではなしをしてきました。『**想定している前提**』は下記の3つです。

> ① 将来の税率が当期と同じであること
> ② 将来，一時差異等を加減算する前の所得が十分にあること
> ③ 将来必ず減算されるタイミングが来ること

想定している前提はすべて『将来』のはなしです。この前提が変わった場合，どこに，どのような影響があるかを見ていきたいと思います。違いを理解するために，まず上記の前提が揃っている「基本パターン」をみていただき，その基本パターンのどこが変わるかを見ていくことにします。

【基本パターン】

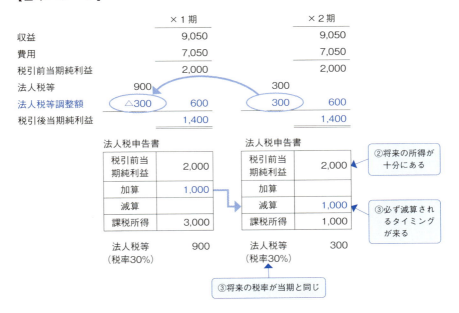

　基本パターンは①・②・③の前提条件をすべて満たしています。将来減算一時差異は1,000です。法定実効税率を30％とすると，将来取り戻せる税金の見込額は1,000×30％＝300です。×2期に減算することによって支払わなくて済む税金は300です。×1期も×2期も，税効果会計の仕訳を計上することで，どちらも税引前当期純利益に税金費用が合理的に対応しています。矢印が×2期から×1期に伸びている理由は後ほど説明します。

❷ 税率の変更が見込まれる場合

　では，この基本パターンから条件を少し変えてみます。まずは①将来の税率を変えてみましょう。

第4章 繰延税金資産はすべて計上できるわけではない

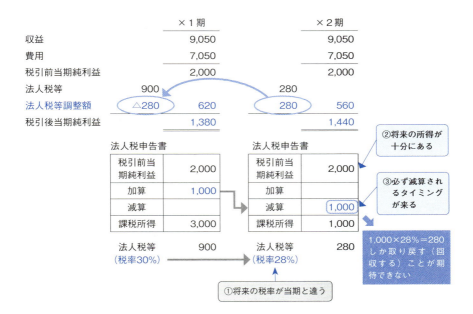

　この場合，②と③の前提条件は満たしていますが，①の税率については当期は「30％」ですが，×2期は「28％」を予定しています。つまり，同じ税率ではありません。

　この場合，法定実効税率は何を見ればいいのでしょうか。答えは**当期の税率ではなく，将来（×2期）の税率である28％**です。

　なぜ28％なのでしょうか。ここで『繰延税金資産』の資産価値を考える必要があります。将来の回収見込額こそが『繰延税金資産』として計上できる金額でした。では，いくら取り戻すことができるでしょうか。それは，1,000×28％＝280ということになります。

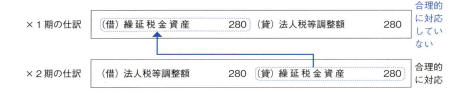

　先ほどの矢印の意味は，×2期に回収が見込まれる金額（1,000×28％＝280）しか繰延税金資産に計上することができないため，**×2期の回収見込額から逆算して×1期の繰延税金資産の金額が決まる**という意味になります。

　しかし，×2期は税引前当期純利益と税金費用は合理的に対応しているので問題ありませんが，×1期はどうでしょうか。税引前当期純利益2,000に対して税金費用は620です。×1期の『あるべき税金費用』は2,000×30％＝600のはずでした。調整したはずなのに合理的に対応していません。×1期の『あるべき税金費用』はどうして600にならないのでしょうか。『法人税等調整額』が△300（1,000×30％）であればよかったはずですね。『法人税等調整額』が△300ではなく△280になった理由は，相手科目である『繰延税金資産』が280になったからです。

　繰延税金資産は×2期の回収見込額から金額が導かれること，仕訳の性質上，相手科目も同額の金額になることは理解できると思いますが，×1期は，『**法人税等の額を適切に期間配分して法人税等を控除する前の当期純利益と税金費用を合理的に対応させていない**』のではないかという疑問が湧いてこないでしょうか。

　実は，×1期の仕訳は2つのステップに分けて考える必要があるのです。

第4章　繰延税金資産はすべて計上できるわけではない　97

【第1ステップ】　『当期』の損益計算書について「あるべき税金費用」を計算する

　まず，×1期の将来減算一時差異1,000について税効果会計を適用したとします。

（借）繰 延 税 金 資 産	300	（貸）法人税等調整額	300

　この仕訳により，×1期は税引前当期純利益2,000に対して税金費用は600になり，合理的に対応させることができました。

【第2ステップ】　繰延税金資産は将来の課税所得の見込額により調整を行う

　次に，第1ステップで計上した『繰延税金資産』について考えます。×2期の税率の変更を考えると，減算により回収が見込まれる金額は300ではなく，1,000×28％＝280です。あるべき『繰延税金資産』は280です。したがって，『繰延税金資産』300は**過大計上**になるため，20を取り崩す必要があります。

（借）法人税等調整額	20	（貸）繰 延 税 金 資 産	20

　第1ステップで終われば，当期（×1期）の税引前当期純利益と税金費用も合理的に対応します。しかし，ここで終わりではなく，第1ステップで計上した『繰延税金資産』が資産価値として本当に全額回収ができるのかを判定する必要があります。検討の結果，『繰延税金資産』は20過大だとして取り崩す必要が出てきました。そして，取り崩すための仕訳を第2ステップとして処理するわけですが，取り崩した繰延税金資産は，再び損益計算書に戻します。勘定科目は何かというと，実は『法人税等調整額』を使うのです。

| 第1ステップ | （借）繰延税金資産 | 300 | （貸）法人税等調整額 | 300 |

＋

| 第2ステップ | （借）法人税等調整額 | 20 | （貸）繰延税金資産 | 20 |

＝

| | （借）繰延税金資産 | 280 | （貸）法人税等調整額 | 280 |

　本当は**当期も最初（第１ステップ）はあるべき税金費用になるように調整した**のです。しかし，次の段階（第２ステップ）で『繰延税金資産』の金額が回収可能かどうか見直します。見直した結果，一部取り崩す必要があり，取り崩した『繰延税金資産』を『法人税等調整額』で戻したため，『あるべき税金費用とは一致しなくなった』のです。

❸ 将来の課税所得がないと見込まれる場合

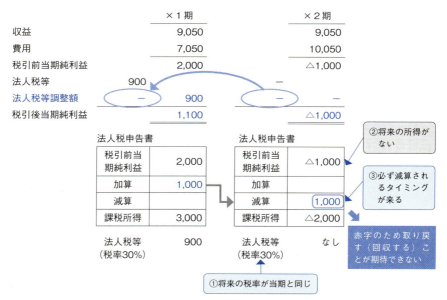

（注）×２期の繰越欠損金は×３期以降考慮しないこととする

第4章　繰延税金資産はすべて計上できるわけではない　99

　③の課税所得は，将来減算一時差異を減算する前の状態でも十分な所得があるかということです。

　この場合，①と③の前提条件は満たしていますが，②の条件は満たしていません。減算が予定されている×2期は赤字が見込まれています。×2期において，減算予定の1,000でいくら取り戻すことができるでしょうか。答えは0です。課税所得がないため，納税額を減らすことができません。したがって，計上できる『繰延税金資産』はありません。

×1期の仕訳	仕訳なし
×2期の仕訳	仕訳なし

　やはり，×1期は『あるべき税金費用』とは一致しなくなりました。これも先ほどと同様に，2つのステップで考えてみましょう。

【第1ステップ】　『当期』の損益計算書について「あるべき税金費用」を計算する

　まず，×1期の将来減算一時差異1,000について税効果会計を適用します。

（借）繰 延 税 金 資 産	300	（貸）法人税等調整額	300

　この仕訳により，×1期は税引前当期純利益2,000に対して税金費用は600になり，合理的に対応させることができました。

【第2ステップ】　繰延税金資産は将来の課税所得の見込額により調整を行う

次に，第1ステップで計上した『繰延税金資産』について考えます。×2期に課税所得が発生しないと見込まれるため，減算により回収が見込まれる金額は全くありません。あるべき『繰延税金資産』は0です。したがって，『繰延税金資産』300は**過大計上**になるため，いったん計上した300を全額取り崩す必要があります。

（借）法人税等調整額	300	（貸）繰延税金資産	300

これをまとめると結果的に，仕訳は計上しなかったことになります。

第1ステップ	（借）繰延税金資産	300	（貸）法人税等調整額	300

＋

第2ステップ	（借）法人税等調整額	300	（貸）繰延税金資産	300

＝

仕訳なし

❹ 将来の課税所得が少ないと見込まれる場合

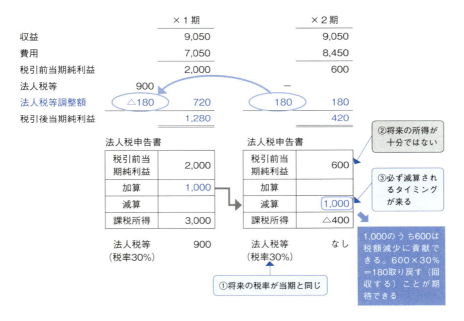

（注）×2期の繰越欠損金は×3期以降考慮しないこととする

　この場合，①と③の前提条件は満たしていますが，②の条件は満たしていません。減算が予定されている×2期は課税所得自体ありますが，減算予定額よりも少なくなる見込みです。×2期において，減算予定の1,000のうち，課税所得を減らし，取り戻すことができる金額は1,000×30％＝300ではなく，600×30％＝180です。したがって，計上できる『繰延税金資産』は180です。

×1期の仕訳	（借）繰延税金資産	180	（貸）法人税等調整額	180
×2期の仕訳	（借）法人税等調整額	180	（貸）繰延税金資産	180

　やはり，×1期は『あるべき税金費用』とは一致しません。これも2つのステップで考えてみましょう。

【第1ステップ】　『当期』の損益計算書について「あるべき税金費用」を計算する

　まず，×1期の将来減算一時差異1,000について税効果会計を適用します。

（借）繰延税金資産	300	（貸）法人税等調整額	300

　この仕訳により，×1期は税引前当期純利益2,000に対して税金費用は600になり，合理的に対応させることができました。

【第2ステップ】　繰延税金資産は将来の課税所得の見込額により調整を行う

　次に，第1ステップで計上した『繰延税金資産』について考えます。×2期の予想課税所得を考えると，減算により回収が見込まれる金額は600×30％＝180です。あるべき『繰延税金資産』は180です。したがって，『繰延税金資産』300は**過大計上**になるため，120を取り崩す必要があります。

（借）法人税等調整額	120	（貸）繰延税金資産	120

　まとめると次のようになります。

第1ステップ　（借）繰 延 税 金 資 産　　300　（貸）法人税等調整額　　300

＋

第2ステップ　（借）法人税等調整額　　120　（貸）繰 延 税 金 資 産　　120

＝

（借）繰 延 税 金 資 産　　180　（貸）法人税等調整額　　180

5 将来の減算の時期が不明な場合

（注）将来について×2期と×3期しか考慮しないこととする

これは，当期に発生した将来減算一時差異が，将来において『**いつ**』減算される見込みかがわからないということです。たとえば，投資有価証券の評価損に対する加算があります。会計上は評価損を計上したとしても，税法ではまだ損金としては認められないということで加算したとします。この加算について，いつ減算できるタイミングが来るかというと，将来，この投資有価証券を売却するなどして損失が確定するときです。

あらかじめ，将来ここで売却しようと予定している場合には『いつ』という時期がはっきりしますが，処分するかどうかが決まっていない場合には時期がはっきりしません。このような一時差異を『**スケジューリング不能な将来減算一時差異**』といいます。

『スケジューリング不能な将来減算一時差異』は，❸と同様に考えることができます。すなわち，将来，いつ取り戻せるか見込めないため，回収見込額は０です。よって『繰延税金資産』は０です。

【第１ステップ】 　『**当期**』の損益計算書について「あるべき税金費用」を計算する

まず，×１期の将来減算一時差異1,000について税効果会計を適用します。

（借）繰延税金資産	300	（貸）法人税等調整額	300

この仕訳により，×１期は税引前当期純利益2,000に対して税金費用は600になり，合理的に対応させることができました。

【第２ステップ】 　繰延税金資産は将来の課税所得の見込額により調整を行う

次に，第１ステップで計上した『繰延税金資産』について考えます。

第4章 繰延税金資産はすべて計上できるわけではない 105

×2期および×3期に減算される見込みが今のところありません。ということは，回収できると見込まれる金額もありません。あるべき『繰延税金資産』は0です。したがって，『繰延税金資産』300は**過大計上**になるため，いったん計上した300を全額取り崩す必要があります。

| （借）法人税等調整額 | 300 | （貸）繰延税金資産 | 300 |

これをまとめると結果的に，仕訳は計上しなかったことになります。

第1ステップ

| （借）繰延税金資産 | 300 | （貸）法人税等調整額 | 300 |

＋

第2ステップ

| （借）法人税等調整額 | 300 | （貸）繰延税金資産 | 300 |

＝

| 仕訳なし |

6 税効果会計の処理は2段階で考える

2つのステップを理解できたでしょうか。**流れ**は理解できたとしても，どこか違和感がありませんか？　それは第2ステップの繰延税金資産を取り崩すときの仕訳の中にあります。

| （借）法人税等調整額 | 20 | （貸）繰延税金資産 | 20 |

『繰延税金資産』について，将来取り戻せる金額を考えた場合，過大計上であるため，一部を取り崩さなければいけないことは理解できます。しかし，その相手勘定科目が『**法人税等調整額**』になっています。ここが**当期の損益計算書があるべき税金費用にならない原因**です。

どういうことかわかりやすくするために，『法人税等調整額』ではな

く，たとえば『評価性引当額調整』というような別科目で表示してみたらどうなるか見てみましょう。

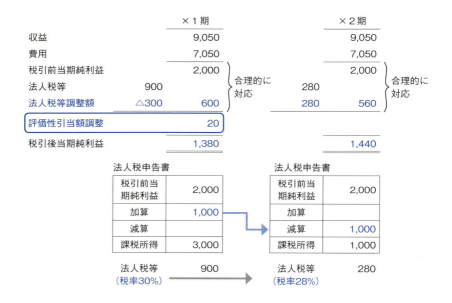

これならば，第1ステップで処理した仕訳により×1期の税金費用も合理的に対応できていたことがわかりますね。実際には，上記のような「評価性引当額調整」というような科目は使われず，あくまでも「法人税等調整額」で第2ステップの取崩処理が行われるため，最終的には合理的な対応を歪めているのです。

第2ステップの調整が大きくなればなるほど，当期の期間損益と税金費用の対応関係が乖離することになります。ここからわかることは，本来，**当期の損益計算書についても，税引前当期純利益と税金費用は合理的に対応している**ということです。しかし，第2ステップの『繰延税金資産』を修正するときに，相手勘定科目として『法人税等調整額』を使うために，**本来の対応関係が隠れて**見えなくなってしまったのです。

第4章 繰延税金資産はすべて計上できるわけではない 107

第1ステップ　『当期』の損益計算書について「あるべき税金費用」を計算する

利益と所得の『タイミングの違い』によるズレを把握・集計する

当期の『法定実効税率』を掛けて繰延税金資産・繰延税金負債を計算する

第2ステップ　『繰延税金資産』は将来の課税所得の見込額により調整を行う

将来の『課税所得』を見積もる（年度ごとに）

将来の『課税所得』と将来の『法定実効税率』を勘案して『繰延税金資産』を修正する（減らす場合もあれば，増える場合もある）

　『今』と『将来』をセットで考えた場合，『繰延税金資産』は『将来』の条件次第で金額の修正が必要になるということです。これが，繰延税金資産はすべて計上できるわけではないという理由になります。

```
┌─────────────────────────┐
│  将来の税率変更          │   ┌──────────────────────┐
│                         │   │ 当期の損益計算書の税引前当期 │
│  将来の課税所得の見込み    │ ⇒ │ 純利益と税金費用の対応が説明 │
│  が十分でない             │   │ できない                │
│                         │   └──────────────────────┘
│  スケジューリング不能      │
└─────────────────────────┘
              ⇓
```

第1
ステップ　(借)繰延税金資産　×××　(貸)法人税等調整額　×××

繰延税金資産について将来の回収可能額を検討
した結果，金額を修正する必要がある場合

第2
ステップ　(借)法人税等調整額　×××　(貸)繰延税金資産　×××

第2ステップの仕訳が，当期の税引前当期純利益と税金費用の合理的な対応
を歪めている

　実務の世界では，これまでの事例で見てきたような『将来』は，ある特定の事業年度だけではなく，複数年になります。複数年で考えた場合の第1ステップ，第2ステップのイメージをまとめてみました。

第4章　繰延税金資産はすべて計上できるわけではない　109

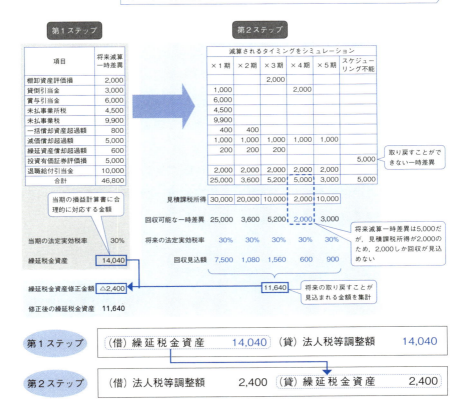

　当期に将来減算一時差異が46,800あったとします。一時差異それぞれについて，『いつ』減算される見込みかの予定を立てます。これを**スケジューリング**といいます。スケジューリングの結果，投資有価証券評価損は，将来売却すれば実現するため減算することができますが，当期末時点ではそれを計画することができない場合，スケジューリングできないため，スケジューリング不能な一時差異という扱いになります。

　また，×4期は減算予定の一時差異が5,000に対し，見積課税所得は2,000しかありません。×4期において回収が可能と見込まれる繰延税金資産は2,000×30％＝600ということになります。

　上記の例でいうと，第2ステップで修正すべき『繰延税金資産』は，

×4期の（5,000−2,000）×30％＝900と，スケジューリング不能5,000×30％＝1,500の合計2,400ということになります。

　次節では，前頁の図表を，公表されているルールにもとづいて，もう少し踏み込んで学ぶ予定です。その前に，将来減算一時差異と回収可能な繰延税金資産の関係について整理しておきたいと思います。

　将来減算一時差異はすべてが計算の対象となるわけではありません。**将来の納税額の減少に貢献する**将来減算一時差異のみが計算の対象です。この『将来の納税額の減少に貢献する将来減算一時差異』のことを『**回収可能な一時差異**』と本書ではいうことにします。

将来の税額の減少に貢献する『将来減算一時差異』	×	法定実効税率	=	繰延税金資産

将来取り戻す（回収）ことが期待できる金額

回収可能額の計算のもとになる一時差異ということで本書では『回収可能な一時差異』ということにする

　一方，先ほどの例にある，×4期の将来減算一時差異のうち見積課税所得を超過した分5,000−2,000＝3,000，スケジューリング不能な将来減算一時差異5,000は**将来の納税額の減少に貢献しません。**この『将来の納税額の減少に貢献しない将来減算一時差異』のことを『**回収不能な一時差異**』と本書ではいうことにします。

将来減算一時差異		繰延税金資産
将来の税額の減少に貢献する 『将来減算一時差異』	回収可能な一時差異	回収可能な繰延税金資産としてB/Sに計上
将来の税額の減少に貢献しない 『将来減算一時差異』	回収不能な一時差異	税金資産として計上できない（要修正）

❼ 繰延税金負債はどうなるのか

　繰延税金資産は回収可能性を厳密に問われることになりますが，繰延税金負債はどうでしょうか。

　繰延税金負債は債務ですから，支払が見込めるかどうかが計上のポイントとなってきます。

　たとえば，事業の休止等の理由により，会社が清算するまで明らかに将来加算一時差異を上回る損失が発生することが見込まれる場合には，課税所得が発生しないため，将来の税負担額を増加させる効果もないことになります。

　このような場合には，繰延税金負債は計上できないことになりますが，かなり限定的です。

　スケジューリングができないからという理由で繰延税金負債が計上できないということにはなりません。

2 繰延税金資産の回収可能性の検討

ポイント

- ●回収可能性を判定するために，企業を5つの分類に分ける。
- ●企業の分類により，回収可能性の条件が異なる。
- ●回収不能な一時差異等を「評価性引当額」という。
- ●回収可能性の判定は，毎決算期ごとに行う。

❶ 将来の予測を勝手にしていいわけではない

　前節で，税効果会計の仕訳は2つのステップで考えればいいというはなしをしました。まずは，『当期の税金費用をあるべき状態にする』ということでした。この段階では繰延税金資産は将来全額取り戻せるということが前提でした。次に，いったん計上した繰延税金資産が本当に取り戻せるかを，**将来の条件をもとに検討**します。将来の条件を検討した結果，取り戻せる金額がいったん計上した金額にならない場合，取り崩したり，または逆に増やしたりして修正を行います。

　今回はこの2つ目のステップに当たる**『将来の条件をもとに繰延税金資産の回収可能性を検討する』**ということについて，もう少し実務に踏み込んで学ぶことにします。

　わが国では，企業会計基準委員会より「繰延税金資産の回収可能性に関する適用指針」が公表されており，繰延税金資産の回収可能性に係る

具体的な取扱いが定められています。適用指針では，どのように将来の業績予測にもとづく課税所得を見積もればいいかについて，次のようなルールを決めて判断することにしました。

> (1) 企業を5つの分類に分け，その分類によって判定する条件を変えることにした。
> (2) 企業がどの分類に入るかは，将来の予想ではなく過去および当期の課税所得の状況を判断材料に使って決めることにした。
> (3) 5分類ごとにどこまで将来の課税所得の見込みを対象にしていいか，スケジューリング不能な一時差異の取扱いをどうするか等のルールが定められた。
> (4) 将来の課税所得は企業として正式に決定した業績予測にもとづく数値を用いることとした。

（1）5つの分類

たとえば，将来の業績予測が絶好調な企業であれば，課税所得も十分あり，税金費用が取り戻せないという事態は発生しないと考えられます。一方，どう頑張っても赤字から逃れられない企業ならば課税所得は発生せず，税金費用を取り戻すことは困難だと考えられます。

そこで，企業を業績によって5つの分類に分けることにしました。そして，分類によって，将来の課税所得の見積予測をどれくらい厳しく判定するか，レベルを変えることにしました。

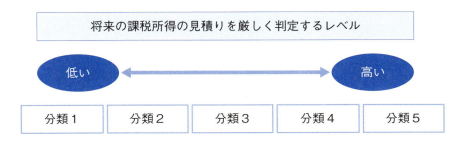

(2) 5分類の判断材料

　企業がどこに分類されるかで判定レベルが変わってくるため，自社がどの分類になるのかは非常に気になるところです。本来であれば，将来の業績予測から分類したほうが理屈のうえではわかりやすいと思うのですが，それだと客観的に判断することが難しくなります。

　そこで適用指針では，過去と現在の課税所得を使って分類することに決めました。過去の業績が悪かったからといって，将来も業績が同じように悪いとは限らないのですが，適用指針では，まず過去の事象を**原則として**の判断基準としています。

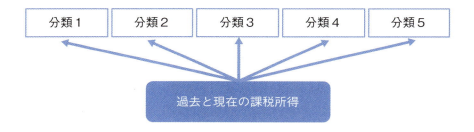

(3) 将来のスケジュールについてのルール

　これまでは，当期に加算した『タイミングの違い（将来減算一時差異）』は『**将来**減算される』という漠然とした説明に留めてきました。ここでは，それが『**どのように**減算される』のかを詳しく説明したいと思います。

　『将来』という漠然とした時期を『第×期』と具体的な事業年度に置き換えて考えてみます。加算した将来減算一時差異が一番多く減算されるパターンは翌期です。これは，単なる会計と税法の期ズレのパターンです。翌期ではありませんが，将来の特定の事業年度になれば減算できるタイミングが来るというものもあります。この2つのパターンは『**い**

う』減算されるかが予想できるので,『スケジューリング可能な（将来減算）一時差異』といいます。

　ある事業年度に加算した金額が一度に減算されるのではなく，何年にもわたって減算していくような一時差異もあります。具体的なものとして減価償却費があります。
　税法では毎年損金として計上できる限度額が決まっているので，会計が前倒しで多く減価償却費を計上した場合，当期は加算になりますが，翌期以降は税法が損金として計上していい金額だけ減算できます。減算できるタイミングは毎事業年度ということになります。

　いつになったら会計と税法の違いが解消されるのかというと，耐用年数が経過するまでです。耐用年数の期間というとかなり長期になります。これを『**解消見込年度が長期にわたる将来減算一時差異**』といいます。
　ここまではいつ減算されるのかが予測できる一時差異です。

　一方，『いつ？』と考えた場合，はっきりしない一時差異もあります。前節❺で説明した『**スケジューリング不能な（将来減算）一時差異**』です。

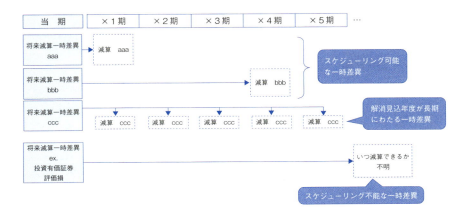

このように将来減算一時差異を3種類に区分したのは、先ほどの企業を5つの分類に分けたことと関係します。企業の分類によって、この3種類の取扱いが変わってきます。

(4) 将来の課税所得

これは、最も重要であり、かつ、いざ計画しようとなると最も難しいところです。

『企業として正式に決定した業績予測にもとづく数値』というのは、経営者の意思として決めた将来の計画であり、公式に発表している他の資料と矛盾がある計画ではいけないということです。適切な権限を有する機関の承認を得た数値について、過去の中長期経営計画の達成状況などとも整合性をもって調整を行い、課税所得や繰越欠損金を見積もる必要があります。

この課税所得に関して少し補足します。将来の課税所得は、(3)のルールに従って計画した将来減算一時差異を上回るかどうかが重要なポイントになることは理解できると思います。

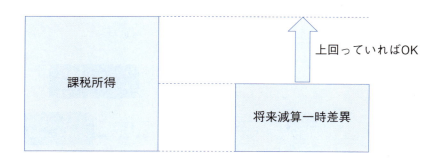

この課税所得には3つの要素が含まれています。

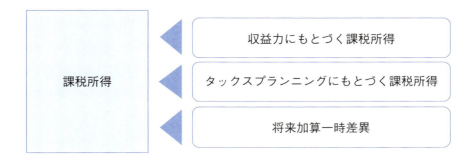

　『収益力にもとづく課税所得』というのは，純粋に将来の事業計画等の営業利益から導き出される課税所得の見積りです。

　『タックスプランニングにもとづく課税所得』というのは，たとえば，含み益のある不動産や投資有価証券等を売却することで計画的に生み出す課税所得をいいます。このような課税所得を発生させるよう計画を立てることをタックスプランニングといいます。

　『将来加算一時差異』は，将来の別表四で『加算』する予定のものなので，これも『課税所得』を増やす要因になります。よって，将来加算一時差異がある場合，加算する時期において課税所得を構成します。

❷ 企業の分類と回収可能性の取扱い

　企業は5つに分類されます。分類1が最も優良な企業で，分類2から5に移っていくにつれて，だんだん状況が厳しくなっていきます。

　まずは，自社の当期の状況が，どの分類に該当するかを判断します。なお，この判断は，決算期ごとに毎期見直しを行う必要があります。

（1）原則的な要件にもとづく分類

　前節の（2）で，分類は過去，当期の課税所得の状況を判断材料にするというはなしをしました。ここではもう少し詳しく説明していきます。

まずは適用指針の**原則的な要件**をもとに分類してみます。

分類	課税所得	その他
分類1	期末における将来減算一時差異をすべて減算しても，それを余裕で上回る課税所得を過去（3年間）も当期も計上している	近い将来，経営環境に著しい変化も見込まれていない
分類2	臨時発生的な原因を除いた課税所得を見た場合，過去（3年間）および当期において安定的に計上はしているが，期末における将来減算一時差異をすべてカバーできるほどの課税所得にはならない（当然，重要な繰越欠損金も発生していない）	近い将来，経営環境に著しい変化も見込まれていない
分類3	臨時発生的な原因を除いた課税所得を見た場合，当期および過去（3年間）において大きく増減している（ただし，重要な繰越欠損金は発生していない）	
分類4	翌期は課税所得の発生が見込まれているが，次の**いずれか**の要件に該当する • 過去（3年間）または当期に重要な繰越欠損金が発生している • 過去（3年間）に重要な繰越欠損金の期限切れがあった • 当期末に重要な繰越欠損金の期限切れが出てしまう	
分類5	過去（3年間）および当期のすべての事業年度で重要な繰越欠損金が発生しており，さらに翌期も重要な繰越欠損金の発生が見込まれる	

まずは，上記要件でどの分類に当てはまるかを判断します。

（2）分類4が分類2あるいは分類3として取り扱える場合

重要な繰越欠損金があると，原則的にはまず分類4と判断されることになります。しかし，次の要件を満たす企業は分類2あるいは分類3として取り扱ってよいということになっています。

```
◆ 重要な欠損金が生じた原因
◆ 中長期計画
◆ 過去の中長期計画の達成状況
◆ 過去3年間および当期の課税所得の推移
◆ 過去3年間および当期の繰越欠損金の推移
                                              etc
```

↓ 上記要素をよく吟味

将来の収益力にもとづく課税所得を見積もる

将来，**5年超**にわたり収益力にもとづく課税所得が安定的に生じることを企業が**合理的根拠**をもって説明できる

将来，**おおむね3年から5年程度**は収益力にもとづく課税所得が生じることを企業が**合理的根拠**をもって説明できる

ここでのポイントは，まずは原則として過去および当期の状況で形式的に判断するが，企業が将来の課税所得の見積りを『**合理的な根拠**』をもって説明できる場合に限って，分類2あるいは分類3と判断してもいいということです。合理的な根拠を対外的に示せない場合には，分類4のままということになります。

(3) 分類別回収可能性

会社の分類ができたら，次は前節（3）で説明した『**スケジューリング可能な（将来減算）一時差異**』，『**解消見込年度が長期にわたる将来減算一時差異**』，『**スケジューリング不能な（将来減算）一時差異**』の3つ

のカテゴリに分けた将来減算一時差異が，分類別にどのように取り扱われるかを説明します。それぞれの分類によって，将来減算対象となる一時差異としてみていいのか，何年先まで見込んでもいいのかが変わってきます。

　カテゴリにかかわらず，無条件に減算してもいいということであれば，期末における将来減算一時差異は，将来全額回収できる可能性があります。しかし，何らかの条件がつく場合，将来減算一時差異のうち，一部は回収が見込めない可能性があります。回収可能な範囲に制約がつくということです。以下に，分類別に回収可能な将来減算一時差異の範囲の概要をまとめました。

	スケジューリング可能	解消見込みが長期にわたる	スケジューリング不能
分類1	あり	あり	あり
分類2	スケジューリングした期間あり	あり	原則：なし 合理的根拠：あり
分類3	原則：おおむね5年 合理的根拠：5年超あり	5年超の期間もあり	なし
分類4	翌期	翌期	なし
分類5	なし	なし	なし

あり：回収可能性あり
なし：回収可能性なし
翌期：翌期に減算予定の一時差異のみ回収可能性あり
合理的根拠：企業が合理的根拠をもって説明することができれば回収可能性あり

　色がついている範囲が，回収可能性があるということで，将来の課税所得の見込額と相殺して回収可能額を計算してもいいという一時差異です。

【分類1の企業】

　将来減算一時差異を十分に上回るだけの課税所得があるという企業です。

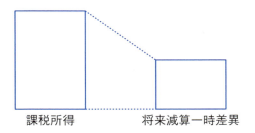

　このような企業は，将来においても，企業環境に著しい変化がない場合には，同様の状況が続くだろうということが見込まれるので，原則として，**すべての将来減算一時差異について回収可能性がある**と判断されます。分類1の企業においては，スケジューリングを行う必要もありません。何ら悩む必要のない企業です。

【分類2の企業】

　業績は安定しているのですが，将来減算一時差異を十分に上回るだけの課税所得はない企業です。

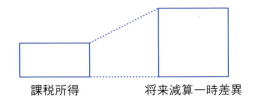

　このような企業は，分類1のように，無条件に回収可能性があるとはいえませんが，長期的に見れば課税所得は十分発生すると見込むことができます。そのため，スケジューリングを行った結果，**スケジューリン**

グにもとづいて，解消が見込まれる『スケジューリング可能な将来減算一時差異』については回収可能性があると判断されます。スケジューリングの期間については特に制約はありません。

　『長期にわたって解消が見込まれる将来減算一時差異』については，分類１と同様に，回収可能性に制約はありません。分類２の企業で回収可能性に制限があるのは，『スケジューリング不能な将来減算一時差異』のみです。

　ところが，この『スケジューリング不能な将来減算一時差異』についても，時期がわからないだけであり，将来いずれかの時点で損金に算入できて回収できることを企業が『合理的根拠をもって説明』することができる場合には，その説明可能な一時差異については回収可能性があると判断されます。

【分類３の企業】

　課税所得が発生する事業年度もあれば，重要な繰越欠損金まではいかないが繰越欠損金が生じる事業年度があるなど，業績が不安定な企業が分類３に該当します。

　このような企業は，過去の業績が不安定であったように，将来においても安定的な課税所得の発生を見込むことには不安があります。

　そこで，将来おおむね５年内で合理的に見積もることができる期間の範囲内で，解消が見込まれる将来減算一時差異であれば，『スケジューリング可能な将来減算一時差異』は回収可能性があると判断されます。

　原則的には５年以内での判定なのですが，５年を超える見積可能期間であっても回収が可能であると企業が『合理的な根拠をもって』説明することができる場合には，その『５年を超える期間』の将来減算一時差異は回収可能性があると判断されます。

　一方，『長期にわたって解消が見込まれる将来減算一時差異』につい

ては，5年を超えた期間であっても，**すべて**回収可能性があると判断されます。合理的な根拠をもって説明が必要というわけでもありません。

しかし，『スケジューリング不能な将来減算一時差異』は回収可能性がないと判断されます。分類2のように合理的な根拠をもって説明できる場合でも回収可能性の判断が変わるということもありません。

【分類4の企業】

重要な繰越欠損金が発生している企業です。このような企業は，回収可能性の条件はかなり厳しく制約され，**『スケジューリング可能な将来減算一時差異』**，**『長期にわたって解消が見込まれる将来減算一時差異』**のどちらにおいても，**翌期に見込まれる課税所得の範囲内**でしか回収可能性は認められません。**『スケジューリング不能な将来減算一時差異』**は回収可能性がないと判断されます。

【分類5の企業】

分類5はかなり厳しい企業です。過去も当期も繰越欠損金が発生している企業で，さらに翌期も繰越欠損金が生じることが見込まれます。このような企業は，将来において課税所得が発生することは，きわめて困難であると考えられるため，**繰延税金資産の回収可能性はない**と判断されます。すなわち，繰延税金資産は計上できないということです。

❸ カテゴリに分類するうえで少し迷う一時差異

『スケジューリング可能な（将来減算）一時差異』，**『解消見込年度が長期にわたる将来減算一時差異』**，**『スケジューリング不能な（将来減算）一時差異』**の3つのカテゴリに分類するときに，少し迷いそうな一時差異があります。

（1）固定資産の減損損失

　減価償却の超過額や退職給付引当金は，何年にもわたって減算していくため『**解消見込年度が長期にわたる将来減算一時差異**』になります。

　しかし，固定資産の減損損失は少し取扱いが違います。さらに，減損損失の内容が『**償却資産**』か『**非償却資産**』かによって取扱いが分かれます。

　『**償却資産**』は，減価償却計算を通じて減算していく一時差異なので『**解消見込年度が長期にわたる将来減算一時差異**』と考えたくなります。結論からいうと，適用指針では，『**スケジューリング可能な将来減算一時差異**』として取り扱います。通常の減価償却費の超過額とは発生原因が違うということは理解できると思います。先ほど分類1から分類5までの会社分類別に説明した回収可能性を考えると，『**スケジューリング可能な将来減算一時差異**』と『**解消見込年度が長期にわたる将来減算一時差異**』では，『**スケジューリング可能な将来減算一時差異**』のほうが回収可能期間が限定されるので，判断基準が厳しいともいえます。減損損失は，そもそも業績が悪化しているから発生した損失であり，金額も大きくなる可能性があります。そのため，通常の減価償却費の超過額とは分けて，慎重に取り扱うと考えてください。

　一方，土地等の『**非償却資産**』は売却等の意思決定や計画がない限り，『**スケジューリング不能な将来減算一時差異**』として取り扱います。

	スケジューリング可能	解消見込みが長期にわたる	スケジューリング不能
退職給付引当金		退職給付引当金	
減価償却超過額		減価償却超過額	
固定資産の減損損失	償却資産の減損損失		非償却資産の減損損失

（2）役員退職慰労引当金

　役員が退任して，退職金を支給するときに，一時差異は解消されます。この一時差異の対象となっている役員ですが，3年後や5年後など退任時期が合理的に見込まれている場合には，『**スケジューリング可能な将来減算一時差異**』として取り扱うことができますが，退任時期が明確でない場合には，『**スケジューリング不能な将来減算一時差異**』ということになります。

	スケジューリング可能	解消見込みが長期にわたる	スケジューリング不能
役員退職慰労引当金	退任時期が見込まれている		退任時期未定

　『**スケジューリング可能な将来減算一時差異**』，『**解消見込年度が長期にわたる将来減算一時差異**』，『**スケジューリング不能な将来減算一時差異**』のどのカテゴリになるかにより，繰延税金資産の回収可能性の判断ではまったく取扱いが変わってきますので，注意が必要です。

❹ 回収可能性を加味した繰延税金資産

　さて，回収可能性のはなしが長くなったので，いま何を学習しているのかを，もう一度確認してみましょう。

税効果会計を行うためには、まず、一時差異等を把握し、集計します。次に、法定実効税率を算出し、一時差異等に法定実効税率を掛けて、繰延税金資産、繰延税金負債を求めます。そして仕訳を計上します。ここまでを第2章で説明しました。

| 一時差異等を集計する（第3章第1節） | 法定実効税率を算出する（第3章第2節❶） | 繰延税金資産・繰延税金負債を計算（第3章第2節❷） | 仕訳を計上する（第3章第2節❸） |

　繰延税金資産の回収可能性の検討作業は、いったん計算された繰延税金資産について、計上できるもの、計上できないものに判別することです。そして、回収可能性があると判断される繰延税金資産のみ、会計処理することになります。

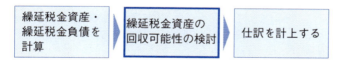

　それでは、具体的に、設例を使って確認してみましょう。第1節でステップ1とステップ2を分けて考えてみましたが、その流れで分類別に考えてみることにしましょう。なお、いずれの分類も原則的取扱いで考えることとします。

（1）分類１の企業の場合

第1ステップ

項目	将来減算一時差異
棚卸資産評価損	2,000
貸倒引当金	3,000
賞与引当金	6,000
未払事業所税	4,500
未払事業税	9,900
一括償却資産超過額	800
繰延資産償却超過額	600
減価償却超過額	7,000
退職給付引当金	10,000
投資有価証券評価損	5,000
合計	48,800

法定実効税率	30%
繰延税金資産	14,640

第2ステップ

	×1期	×2期	×3期	×4期	×5期	長期	不能
棚卸資産評価損			2,000				
貸倒引当金	1,000			2,000			
賞与引当金	6,000						
未払事業所税	4,500						
未払事業税	9,900						
一括償却資産超過額	400	400					
繰延資産償却超過額	200	200	200				
減価償却超過額	600	600	600	600	600	4,000	
退職給付引当金	500	500	500	500	500	7,500	
投資有価証券評価損							5,000
合計	23,100	1,700	3,300	3,100	1,100	11,500	5,000

見積課税所得	考慮する必要なし						
回収可能な一時差異	48,800	23,100	1,700	3,300	3,100	1,100	11,500	5,000
回収不能な一時差異	—	—	—	—	—	—	—	—
合計	48,800	23,100	1,700	3,300	3,100	1,100	11,500	5,000

法定実効税率		30%	30%	30%	30%	30%	30%	30%
繰延税金資産	14,640	6,930	510	990	930	330	3,450	1,500
評価性引当額	—	—	—	—	—	—	—	—
合計	14,640	6,930	510	990	930	330	3,450	1,500

第1ステップ　（借）繰延税金資産　14,640　（貸）法人税等調整額　14,640

第2ステップ　（借）法人税等調整額　　　　—　（貸）繰延税金資産　　　　　—

最終形　（借）繰延税金資産　14,640　（貸）法人税等調整額　14,640

　分類１の企業は，将来減算一時差異は，全額回収可能性があると判断されます。したがって，繰延税金資産は全額計上可能です。『**スケジューリング可能な将来減算一時差異**』，『**解消見込年度が長期にわたる将来減算一時差異**』，『**スケジューリング不能な将来減算一時差異**』のどのカテゴリの将来減算一時差異も，回収可能性ありです。また，将来の課税所得の見積りをまったく考慮する必要がありません。よって，第１ステッ

プで計上した繰延税金資産のうち，いくらが回収可能かを判断する必要がありません。第2ステップの仕訳は不要です。

（2）分類2の企業の場合

第1ステップ / **第2ステップ**

項目	将来減算一時差異	×1期	×2期	×3期	×4期	×5期	×6期	×7期	長期	不能
棚卸資産評価損	2,000			1,000					1,000	
貸倒引当金	3,000								3,000	
賞与引当金	6,000	6,000								
未払事業所税	4,500	4,500								
未払事業税	9,900	9,900								
一括償却資産超過額	800	400	400							
繰延資産償却超過額	600	200	200	200						
減価償却超過額	7,000	600	600	600	600	600	600	600	2,800	
退職給付引当金	10,000	500	500	500	500	500	500	500	6,500	
投資有価証券評価損	5,000								2,500	2,500
合計	48,800	22,100	1,700	2,300	1,100	1,100	1,100	7,600	9,300	2,500

法定実効税率	30%
繰越欠損金	7,100
繰延税金資産	14,640

		×1期	×2期	×3期	×4期	×5期	×6期	×7期	長期	不能
見積課税所得		15,000	15,000	10,000	9,500	8,000	5,000	6,000		
回収可能な一時差異	44,700	15,000	8,800	2,300	1,100	1,100	1,100	6,000	9,300	—
回収不能な一時差異	4,100	—	—	—	—	—	—	1,600	—	2,500
合計	48,800	15,000	8,800	2,300	1,100	1,100	1,100	7,600	9,300	2,500
法定実効税率		30%	30%	30%	30%	30%	30%	30%	30%	30%
繰延税金資産	13,410	4,500	2,640	690	330	330	330	1,800	2,790	
評価性引当額	1,230	—	—	—	—	—	—	480	—	750
合計	14,640	4,500	2,640	690	330	330	330	2,280	2,790	750

第1ステップ	（借）繰延税金資産　14,640　（貸）法人税等調整額　14,640
第2ステップ	（借）法人税等調整額　1,230　（貸）繰延税金資産　1,230
最終形	（借）繰延税金資産　13,410　（貸）法人税等調整額　13,410

　分類2の企業では，『**スケジューリング不能な将来減算一時差異**』（投資有価証券評価損）は回収不能です。『**解消見込年度が長期にわたる将来減算一時差異**』（減価償却超過額，退職給付引当金）は全額回収可能

です。

　スケジューリングにもとづいて，解消が見込まれる『**スケジューリング可能な将来減算一時差異**』は，設例では×１期から×７期の７年間スケジューリング可能としています。×１期の見積課税所得15,000に対して将来減算一時差異は22,100であるため，繰越欠損金7,100が発生します。しかし，×２期の見積課税所得15,000に対して将来減算一時差異は1,700であり，×１期に発生見込みの繰越欠損金7,100は×２期の課税所得に充当することが可能です。結果的に×１期と×２期を合わせれば回収可能ということです。一方，×７期は見積課税所得6,000に対して将来減算一時差異は7,600であり，1,600が繰越欠損金となります。この繰越欠損金は，×８期以降の見積課税所得に充当することができるかどうかを考えることはできません。なぜなら，スケジューリング可能な期間を７年間としているので，それを超えてはスケジューリングできないということです。したがって，×７期で発生見込みの繰越欠損金1,600については回収の見込みがないと判断されます。

　判定の結果，将来減算一時差異48,800のうち，回収が見込めない一時差異は『**スケジューリング可能な将来減算一時差異**』のうちの1,600，『**スケジューリング不能な将来減算一時差異**』の2,500の合計4,100となります。この回収が見込めない一時差異4,100に対する繰延税金資産1,230は計上できません。

　この計上できない繰延税金資産を，『**評価性引当額**』といいます。
　第２ステップにおいて，回収が見込めない繰延税金資産1,230を取り崩します。

（3）分類３の企業の場合

項目	将来減算一時差異	×1期	×2期	×3期	×4期	×5期	長期	不能
棚卸資産評価損	2,000			2,000				
貸倒引当金	3,000	1,000			2,000			
賞与引当金	6,000	6,000						
未払事業所税	4,500	4,500						
未払事業税	9,900	9,900						
一括償却資産超過額	800	400	400					
繰延資産償却超過額	600	200	200	200				
減価償却超過額	7,000	600	600	600	600	600	4,000	
退職給付引当金	10,000	500	500	500	500	500	7,500	
投資有価証券評価損	5,000							5,000
合計	48,800	23,100	1,700	3,300	3,100	1,100	11,500	5,000

法定実効税率　30%

繰延税金資産　14,640

繰越欠損金　600

		×1期	×2期	×3期	×4期	×5期	長期	不能
見積課税所得		30,000	20,000	10,000	2,500	10,000		
回収可能な一時差異	43,800	23,100	1,700	3,300	2,500	1,700	11,500	—
回収不能な一時差異	5,000	—	—	—	—	—	—	5,000
合計	48,800	23,100	1,700	3,300	2,500	1,700	11,500	5,000
法定実効税率	30%	30%	30%	30%	30%	30%	30%	30%
繰延税金資産	13,140	6,930	510	990	750	510	3,450	—
評価性引当額	1,500	—	—	—	—	—	—	1,500
合計	14,640	6,930	510	990	750	510	3,450	1,500

第１ステップ　（借）繰延税金資産　14,640　（貸）法人税等調整額　14,640

第２ステップ　（借）法人税等調整額　1,500　（貸）繰延税金資産　1,500

最終形　（借）繰延税金資産　13,140　（貸）法人税等調整額　13,140

　分類３の企業では，『**スケジューリング不能な将来減算一時差異**』（投資有価証券評価損）は回収不能です。『**解消見込年度が長期にわたる将来減算一時差異**』（減価償却超過額，退職給付引当金）は全額回収可能です。

　スケジューリングにもとづいて，解消が見込まれる『**スケジューリング可能な将来減算一時差異**』については，５年間のスケジューリングを

行います。×４期は見積課税所得2,500に対して将来減算一時差異は3,100であり600が繰越欠損金となります。この繰越欠損金は×５期に充当することができます。

　判定の結果，将来減算一時差異48,800のうち，回収が見込めない一時差異は『**スケジューリング不能な将来減算一時差異**』の5,000です。この一時差異5,000に対する繰延税金資産1,500は計上できません。第２ステップにおいて，回収が見込めない繰延税金資産1,500を取り崩します。

（４）分類４の企業の場合

第１ステップ

項目	将来減算一時差異
棚卸資産評価損	2,000
貸倒引当金	3,000
賞与引当金	6,000
未払事業所税	4,500
未払事業税	9,900
一括償却資産超過額	800
繰延資産償却超過額	600
減価償却超過額	7,000
退職給付引当金	10,000
投資有価証券評価損	5,000
合計	48,800

法定実効税率	30%
繰延税金資産	14,640

第２ステップ

	×１期	×２期	×３期	×４期	×５期	長期	不能
棚卸資産評価損			2,000				
貸倒引当金	1,000			2,000			
賞与引当金	6,000						
未払事業所税	4,500						
未払事業税	9,900						
一括償却資産超過額	400	400					
繰延資産償却超過額	200	200	200				
減価償却超過額	600	600	600	600	600	4,000	
退職給付引当金	500	500	500	500	500	7,500	
投資有価証券評価損							5,000
合計	23,100	1,700	3,300	3,100	1,100	11,500	5,000

		×１期	×２期	×３期	×４期	×５期	長期	不能
見積課税所得		15,000						
回収可能な一時差異	15,000	15,000	−	−	−	−	−	−
回収不能な一時差異	33,800	8,100	1,700	3,300	3,100	1,100	11,500	5,000
合計	48,800	23,100	1,700	3,300	3,100	1,100	11,500	5,000
法定実効税率		30%	30%	30%	30%	30%	30%	30%
繰延税金資産	4,500	4,500	−	−	−	−	−	−
評価性引当額	10,140	2,430	510	990	930	330	3,450	1,500
合計	14,640	6,930	510	990	930	330	3,450	1,500

　分類4の企業は，翌期の見積課税所得を限度として，回収可能性を判定します。×1期の将来減算一時差異23,100のうち，8,100は回収不能です。15,000は回収可能です。×2期以降の将来減算一時差異は，すべて回収不能です。

　判定の結果，将来減算一時差異48,800のうち，回収が見込めない一時差異は33,800です。この一時差異33,800に対する繰延税金資産10,140は計上できません。第2ステップにおいて，回収が見込めない繰延税金資産10,140を取り崩します。

（5）分類5の企業の場合

第1ステップ / **第2ステップ**

項目	将来減算一時差異	×1期	×2期	×3期	×4期	×5期	長期	不能
棚卸資産評価損	2,000			2,000				
貸倒引当金	3,000	1,000			2,000			
賞与引当金	6,000	6,000						
未払事業所税	4,500	4,500						
未払事業税	9,900	9,900						
一括償却資産超過額	800	400	400					
繰延資産償却超過額	600	200	200	200				
減価償却超過額	7,000	600	600	600	600	600	4,000	
退職給付引当金	10,000	500	500	500	500	500	7,500	
投資有価証券評価損	5,000							5,000
繰越欠損金	50,000							50,000
合計	98,800	23,100	1,700	3,300	3,100	1,100	11,500	55,000

法定実効税率	30%
繰延税金資産	29,640

見積課税所得								
回収可能な一時差異	−	−	−	−	−	−	−	−
回収不能な一時差異	98,800	23,100	1,700	3,300	3,100	1,100	11,500	55,000
合計	98,800	23,100	1,700	3,300	3,100	1,100	11,500	55,000
法定実効税率		30%	30%	30%	30%	30%	30%	30%
繰延税金資産	−	−	−	−	−	−	−	−
評価性引当額	29,640	6,930	510	990	930	330	3,450	16,500
合計	29,640	6,930	510	990	930	330	3,450	16,500

第1ステップ　（借）繰延税金資産　29,640　（貸）法人税等調整額　29,640

第2ステップ　（借）法人税等調整額　29,640　（貸）繰延税金資産　29,640

最終形　仕訳なし

　分類5の企業は，将来減算一時差異は，全額回収可能性がないと判断されます。したがって，繰延税金資産は全額計上不可能です。第2ステップにおいて，繰延税金資産の全額29,640を取り崩します。

回収可能性と自己資本比率

　繰延税金資産の計上は利益増加要因となるので，計上額が多ければ多いほど，利益剰余金も増加します。

　利益剰余金の増加は，自己資本比率のアップにもなります。

　繰延税金資産の回収可能性の判断は，繰延税金資産を取り崩したり，逆に計上できることになったりしますから，自己資本比率が上がったり下がったりする要因にもなるわけですね。

　自己資本比率が気になる業種や会社では，回収可能性の判定は，大きな影響を与えます。

　実際に，まだ稼いでいないにもかかわらず，将来の業績予測によっては，自己資本比率が大きく変動する可能性があるということですね。

　企業によっては，利益剰余金の中で，繰延税金資産の計上の占める割合が高いところもあります。

　そのような意味でも，将来の業績予測は，慎重に，かつ，しっかりと立てないと，後々大変なことになってしまいますよ。

第 **5** 章
税効果会計の表示

1 繰延税金資産・繰延税金負債の表示

> **ポイント**
> - 繰延税金資産・繰延税金負債は固定項目で表示する。
> - 個別財務諸表の繰延税金資産と繰延税金負債は，最後に相殺して表示する。
> - 異なる納税主体の繰延税金資産と繰延税金負債は相殺しない。

1 個別財務諸表の表示

　ようやく税効果会計の中身のはなしが終わったところで，そろそろ開示のはなしに移っていきましょう。

　将来減算一時差異の税効果会計，将来加算一時差異の税効果会計の処理方法を学びました。

　将来減算一時差異の税効果会計は次のような仕訳になりました。

（借）繰 延 税 金 資 産	×××	（貸）法人税等調整額	×××

　将来加算一時差異の税効果会計は次のような仕訳になりました。

（借）法 人 税 等 調 整 額	×××	（貸）繰 延 税 金 負 債	×××

ここで，もう一歩踏み込んで考えてみたいことがあります。

第5章　税効果会計の表示　137

　繰延税金資産・繰延税金負債は，貸借対照表のどの区分に計上すれば
いいのでしょうか？

　繰延税金資産は資産，繰延税金負債は負債だということはわかります
が，どこの区分に属する科目かというところまでは説明していませんで
した。

　表示上は次のようなルールがあります。

> ■繰延税金資産は『投資その他の資産』の区分に表示する
> ■繰延税金負債は『固定負債』の区分に表示する

　さらに，もう1つルールがあります。

> ■繰延税金資産と繰延税金負債は，双方を相殺して表示する

　つまり，どちらか一方にしか表示されないことになります。

❷　連結財務諸表の表示

　連結財務諸表は，単体で決算処理済みの財務諸表を合算・消去して作
成する書類です。個別財務諸表では，税効果会計の表示は繰延税金資産
か繰延税金負債のどちらかに相殺して表示されています。この単体の財
務諸表を合算集計する場合，繰延税金資産として表示している企業，繰
延税金負債として表示している企業がありえます。

　このような場合，連結財務諸表での表示はどのようにすべきでしょう

か。

> ■異なる納税主体の繰延税金資産と繰延税金負債は，双方を相殺せずに
> 表示する

　相殺しないということです。したがって，個別財務諸表では繰延税金資産と繰延税金負債が同時に表示されることはありませんが，連結財務諸表では繰延税金資産と繰延税金負債が同時に表示されることがありえます。

第5章 税効果会計の表示 139

2 税効果会計に関する注記

ポイント

● 注記は4つのパターンがある。

● 税金費用を税引前当期純利益で割った比率を，税負担率という。

● 法定実効税率と税負担率の差異の注記が省略できるケースの解釈に注意する。

● 法定実効税率と税負担率の差異分析は，税効果会計の計算が正しくできたかを確認する作業に役立つ。

❶ 注記に関する内容

　続いて，注記情報について学びましょう。注記情報は，財務諸表作成者にとっては開示に必要なものですから，どのような情報を収集すべきか，どのように開示すべきかを知ることは重要なことです。

　財務諸表利用者にとっても，その注記内容から読み取れる情報で何がわかるのかを知ることは，とても意義があることです。

　ここでは，どのような情報が開示されることになるのかを学んでいきます。

（1）注記事項

No.	注記事項
1	繰延税金資産および繰延税金負債の発生原因別の主な内訳
2	税引前当期純利益に対する法人税等（法人税等調整額を含む）の比率と法定実効税率との間に重要な差異があるときは，その差異の原因となった主要な項目別の内訳
3	税率の変更により繰延税金資産および繰延税金負債の見直しが行われたときは，その旨および修正額
4	決算日後に税率の変更があった場合には，その内容およびその影響

（2）繰延税金資産および繰延税金負債の発生原因別の主な内訳

　貸借対照表には，繰延税金資産あるいは繰延税金負債が計上されていますが，どのような内容で計上されているかは，貸借対照表上では明らかではありません。そこで，どのような発生原因があるのか，それがどれくらいの金額のものなのか，また，繰延税金資産が，全額計上されていない場合には，どれくらい評価性引当額があるのかを示すことになります。

　この情報により，どのような会計と税務上の差異が発生しているのか把握することができます。また，**重要な**繰越欠損金が発生している場合も開示することになり，法人税申告書を見る機会がない利害関係者でも，繰越欠損金の情報を入手することができます。評価性引当額のうち，繰越欠損金をその他の評価性引当額と分けて開示したり，繰越欠損金に係る繰延税金資産を時系列に内訳（評価性引当額を含む）を開示します。

　この内訳を作成するには，第4章第2節❹のような表があれば集計することができます。

繰延税金資産

棚卸資産評価損	600
貸倒引当金	900
賞与引当金	1,800
未払事業所税	1,350
未払事業税	2,970
一括償却資産超過額	240
繰延資産償却超過額	180
減価償却超過額	2,100
退職給付引当金	3,000
投資有価証券評価損	1,500
繰越欠損金	15,000
繰延税金資産小計	**29,640**
税務上の繰越欠損金に係る評価性引当額	△ 7,950
将来減算一時差異等の合計に係る評価性引当額	△ 1,500
評価性引当額小計	△ 9,450
繰延税金資産合計	**20,190**

繰延税金負債

特別償却準備金	△ 1,000
圧縮積立金	△ 280
繰延税金負債合計	**△ 1,280**
繰延税金資産の純額	**18,910**

税務上の繰越欠損金およびその繰延税金資産の繰越期限別の金額

	×年以内	×年超 ×年以内	×年超 ×年以内	×年超 ×年以内	×年超 ×年以内	×年超	合計
税務上の繰越欠損金	1,500	1,800	1,200	1,350	2,100	7,050	15,000
評価性引当額	－	－	－	－	900	7,050	7,950
繰延税金資産	1,500	1,800	1,200	1,350	1,200	－	7,050

発生原因の内訳としての資料に加えて，次のような場合には，さらに補足的な情報として説明が必要です。

> 繰延税金資産から控除された額（評価性引当額）に**重要な変動**が生じている場合，当該変動の主な内容を記載する。

第4章第1節で説明しましたが，評価性引当額に重要な変動，すなわち繰延税金資産の修正額が大きいと，当期の税引前当期純利益と税金費用が合理的に対応しなくなります。そこで，財務諸表利用者が，何が原因で税引前当期純利益と税金費用が合理的に対応していないのかを理解しやすいように補足情報を提供する必要があります。

> 税務上の繰越欠損金に係る**重要な繰延税金資産を計上**している場合，当該繰延税金資産を回収可能と判断した主な理由を記載する。

繰越欠損金が発生しているということは，何らかの理由で業績がよくなかった時期があるということです。過去にそのような状況があった企業の将来予測において，繰越欠損金に係る重要な繰延税金資産が確実に回収できるのかという不安感はやはり否定できません。

企業は第4章第2節のルールに従って，繰延税金資産の回収可能性を慎重に判断して会計処理を行いますが，財務諸表利用者はその結果しかわかりません。そこで，すべての将来減算一時差異の回収可能性の判断根拠を詳細に説明する必要はありませんが，繰越欠損金に係る**重要な繰延税金資産**については，企業としてどのような理由で回収が可能であると判断したのか補足情報として説明をする必要があります。

この注記を作成する場合，必ず，貸借対照表の繰延税金資産または繰延税金負債の金額と一致するかを確認してください。項目が抜け落ちている間違いや，繰延税金資産・繰延税金負債の内訳であるにもかかわら

ず，一時差異等を書いてしまうという間違いも，容易に発見することができます。

(3) 法定実効税率と税負担率の差異

税効果会計は，税金費用が，税引前当期純利益に適切に対応するように税金費用を調整する手続ですから，理論的には，税引前当期純利益に法定実効税率を掛けた金額が，税金費用となるはずです。

税負担率とは，法人税等に法人税等調整額を調整した金額，すなわち，税金費用を税引前当期純利益で割り戻した比率のことです。

税金費用が理論的なあるべき費用になっていれば，法定実効税率と税負担率は一致するはずです。

ところが，実際に税負担率と法定実効税率を比較してみると，一致しないことがあります。

たとえば，第4章の繰延税金資産の回収可能性の判定により，評価性引当額が法人税等調整額に含まれている場合には，税金費用は，税引前当期純利益とはまったく対応しない金額となります。実務上は，その他にも理論値にならない原因がいくつかあります。

そこで，税負担率と法定実効税率が大きく乖離している場合には，その差異の原因となる項目を注記する必要があります。

大きな差異がなければ，注記を省略することができます。どれくらいの差異であれば注記を省略することができるかというと，次のようなルールになっています。

注記を省略できるケース

法定実効税率と税負担率との間の差異が法定実効税率の100分の5以下である場合には注記を省略することができる。

このルールを，ときどき間違って解釈する人がいるので，少し説明します。

「100分の5以下」は「5％以下」ですね。この5％の意味を読み間違えないでください。

法定実効税率と税負担率の差が5％以下ということではありません。たとえば，法定実効税率が30％であれば，税負担率は25％以上，または35％以下であれば注記不要ということではありません。

「法定実効税率の5％」以下ということですから，たとえば，法定実効税率が30％であれば，30％×5％＝1.5ということになります。
したがって，この場合，注記を省略してもいいのは，税負担率が28.5％以上または31.5％以下である場合です。

5％も差異に余裕があるから，注記は不要だろうと早合点しないでくださいね。

法定実効税率×5％　≧　法定実効税率と税負担率の差

実際の記載例は，次のようになります。

法定実効税率	30.0%
（調整）	
交際費等永久に損金に算入されない項目	1.8
受取配当金等永久に益金に算入されない項目	△1.0
住民税等均等割等	1.1
評価性引当額の増加	3.2
その他	0.9
税効果会計適用後の法人税等の負担率	36.0%

　税負担率を計算してみて，法定実効税率の5％以下に差異が収まっている場合には，注記が不要です。注記が必要な場合は，もちろん上記のような注記を作成するために，差異の原因を分析しますが，注記不要と考えられる場合でも，差異の原因分析は実施することをお勧めします。

　なぜかというと，差異の原因分析を行うと，税効果会計の計算が本当に正しかったかを確かめるのに，大いに役立つからです。もしかしたら，誤った計算を行っていた結果，差異が法定実効税率の5％以下に収まっているのかもしれません。

　差異の原因分析を行うことによって，途中の計算過程が間違っていると，つじつまが合わないことが判明します。法定実効税率と税負担率の差異分析による確認は，**税効果会計の最後の仕上げ**だと考えて，しっかりとやってください。

　実際に差異となる内容，および分析の方法は，次の❷で詳しく説明します。

（4）税率の変更があったとき

　税率の変更があると，法定実効税率が変わります。その結果，繰延税金資産・繰延税金負債の金額が変わってくることになります。

　繰延税金資産・繰延税金負債の修正額は法人税等調整額として損益計算書に計上されます。

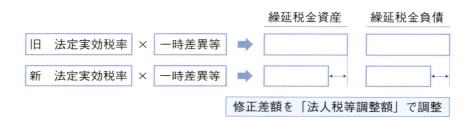

　この税率変更による損益計算書への影響を注記することになっています。

注記例

> 税法の改正に伴い，翌期以降に解消が見込まれる一時差異等に係る繰延税金資産および繰延税金負債については，法定実効税率を××％から××％に変更し計算している。この変更により，当期の繰延税金資産（繰延税金負債の金額を控除した金額）の金額は×××百万円減少し，法人税等調整額が×××百万円増加している。

（5）決算日後に税率の変更があったとき

　先ほどの（4）は決算日前に税率の変更があった場合であり，繰延税金資産および繰延税金負債は変更後の税率を反映した金額となっています。

　ところが，決算日後に税率の変更があった場合には，決算日における

繰延税金資産および繰延税金負債には反映されませんが，翌期には影響を与えるはなしです。

そこで，決算日後に税率変更があった場合には，変更があったという事実，変更により損益に与える影響を注記します。

❷ 税率の差異分析は税効果会計の処理の検証に役立つ！

法定実効税率と税負担率に差が生じる場合，その原因を分析することは，注記情報に必要なことはもちろん，税効果会計の処理が正しかったのかを確認することに，大いに役立てることができます。

ここでは，差異がなぜ生じるか，どこから差異の原因がきているのかを理解していきます。

法定実効税率と税負担率との差異は，税効果会計の計算プロセスに，何ら誤りがなかったとしても，**必然的に発生**するものがあります。
この必然的に発生する原因を把握することが重要であり，必然的な差異を除けば，法定実効税率と税負担率は一致しなければいけません。

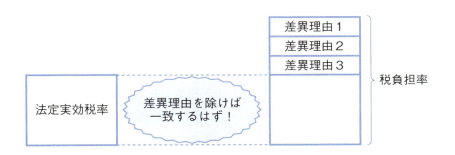

差異理由は、差異となる原因がわかっている差異です。「○○があるから当然に税金費用が増える（減る）」という原因です。

　もし、差異理由を除いた部分が、法定実効税率と一致しないことがあるとすれば、それは税効果会計の計算が、どこかで間違っているといえます。
　ここがズレるとわかっている原因を取り除いた比率は、まさに法定実効税率でなければいけないのです。

(1) 税効果会計の計算の構造と税金計算の構造
　それでは、差異が発生する理由を探すために、改めて、税効果会計の、計算の構造を考えてみましょう。

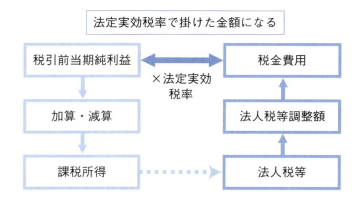

　法人税等は、課税所得から導かれるため、税引前当期純利益との間で調整があると、税引前当期純利益と法人税等が対応しません。そこで、所得計算において、加算・減算という調整した金額に関する税金費用の調整を行えば、調整後の税金費用は、税引前当期純利益に法定実効税率を掛けた金額になります。これが税効果会計の構造です。

前頁の図のとおりに計算が流れれば，税金費用を税引前当期純利益で割った税負担率は法定実効税率に一致します。

ところが，第1章で説明したように，実際の税金計算はもう少し複雑なところがあります。

ここからは第1章で学んだことを加味して，前頁の図の流れに乗らない部分を探してみましょう。

まずは，所得計算における「加算」「減算」の部分です。いわゆる別表四のことです。

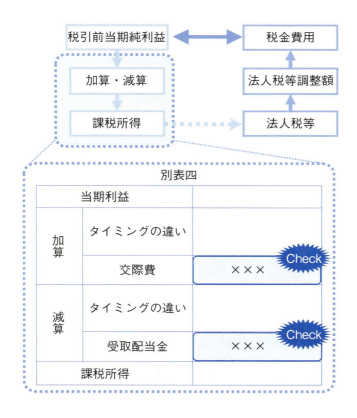

所得計算において，加算項目，減算項目は，すべてが税効果会計の対象となる一時差異にはなりませんでした。一度否認されたら，永久に損金に算入されない費用，永久に益金に算入されない収益があります。これらは税効果会計の対象とはなりませんが，加算項目は税金費用が増加します。減算項目は税金費用が減少します。したがって，あるべき税金費用と比べるとこれらは差異となります。

　次に，法人税等の税金計算について確認しましょう。

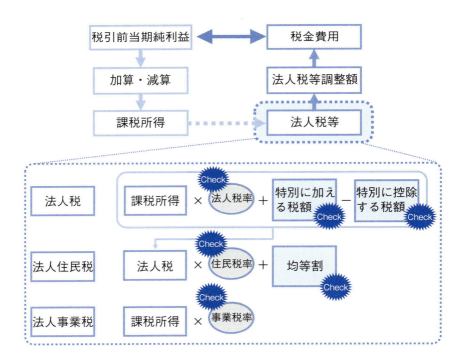

　法人税の計算では，課税所得に税率を掛けて計算するだけでなく，留保金課税などの，特別に加える税額と，試験研究費の特別控除など，特別に控除する税額があります。また，法人住民税には，均等割という，

所得に関係しない税金があります。これらは，いずれも税金費用に含まれてきます。

さらに，税率もあるべき税金費用に影響を与える場合があります。

たとえば，中小企業者は所得800万円以下の税率は23.2%ではなく，軽減税率が用いられます。法定実効税率の計算で23.2%を用いている場合には，当然軽減税率分，実際の税金費用のほうが小さくなります。

住民税率や事業税率（所得割の部分）についても，各自治体で独自に定めることができる税率がありますので，そこでも税率の違いが生じることになります。事業税については，中小企業者は，法人税と同様に軽減税率がありますので，やはり軽減税率分だけ，実際の税金費用は小さくなります。

最後に，税効果会計の計算過程の中で，差異が生じるところを確認してみましょう。

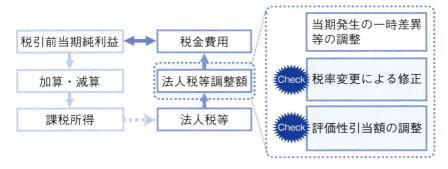

貸借対照表に計上している繰延税金資産・繰延税金負債の金額に修正があった場合には，法人税調整額で損益計算書に反映されます。税率変更による修正，繰延税金資産の回収可能性の検討結果にもとづく繰延税金資産の修正が，法人税等調整額に含まれます。この影響も税引前当期純利益には対応しないものとなります。

以上の差異となる原因をまとめてみると，次のようになります。

発生箇所	差異となる原因
所得計算	永久に調整されない差異
税金計算	留保金課税等の特別に加える法人税
	法人税の税額控除額
	住民税の均等割
	法定実効税率の計算基礎と異なる税率
法人税等調整額	税率の変更による調整
	評価性引当額の増減による調整

（2）永久に調整されない差異の影響（所得計算の差異）

それでは，法定実効税率と税負担率の差異を具体的に計算してみましょう。

まずは，所得計算において差異原因がある場合です。一番典型的なものが，交際費の損金不算入です。この加算処理は，将来において，減算するタイミングがくることはありません。したがって，税効果会計の対象とはならず，そのまま税金費用に含まれています。

設例で考えてみます。次頁のような前提で考えてみましょう。

設例

<前提条件>

税引前当期純利益		10,000
加算項目	賞与引当金	500
	交際費	1,000
税率および法定実効税率		30%

税効果会計の仕訳を計上した後の，損益計算書をみてみましょう。

税引前当期純利益		10,000
法人税等	3,450	
法人税等調整額	△150	3,300
税引後当期純利益		6,700

税負担率＝33%

3％

法定実効税率＝30%

　法定実効税率30%に対して，税負担率は33%です。3％差異があります。この原因は，交際費が税効果会計の対象となっていないため，交際費の加算に相当する法人税等が，税金費用に含まれているからです。

　交際費の加算に相当する税金費用は，1,000×30%＝300です。この300が，あるべき税金費用に比べて過大になっているのです。それでは，あるべき税金費用はいくらでしょうか？

　それは，税引前当期純利益に法定実効税率を掛ければ求められます。10,000×30%＝3,000となります。

　税金費用は3,300でした。そのうち，あるべき税金費用は3,000です。差額の300は交際費の加算に対する税金費用です。

	課税所得	法定実効税率	税額	税率
税引前当期純利益	10,000	30%	3,000	30%
交際費	1,000	30%	300	3%
税金費用			3,300	33%

　上の表のうち，交際費の税率をどのように算出するかを説明します。結論からいいますと，交際費に対する税金費用300を税引前当期純利益で割ることで求められます。なぜ税引前当期純利益で割るのかをイメージしやすいように，図に表してみます。

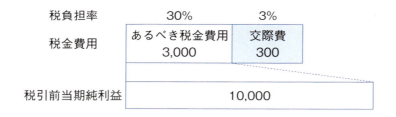

　税負担率は，税金費用を税引前当期純利益で割って求めました。分母は税引前当期純利益です。交際費に相当する税金費用300に対する比率を求めるときは，税負担率を計算するときと同じかたちになるのがおわかりいただけると思います。

　このように，所得計算において，永久に調整されない差異が原因となっている差異は，まず，永久に調整されない差異に対する税金費用を算出し，その税金費用を，税引前当期純利益で割ることで求めることができます。

（3）均等割の影響（税額の差異）
　次に，均等割など，所得が影響しない税額が，税金費用に含まれてい

る場合を考えてみます。

先ほどの，永久に調整されない差異は，いったん，税金費用を算出する必要がありましたが，均等割等は，すでに税金費用となっています。したがって，均等割等を，税引前当期純利益で割ることで比率を計算することができます。設例を使って考えてみましょう。

設例

税金費用3,700のうち，あるべき税金費用は3,000，均等割が700です。

	課税所得	法定実効税率	税額	税率
税引前当期純利益	10,000	30%	3,000	30%
均等割			700	7%
税金費用			3,700	37%

（4）評価性引当額の影響（法人税調整額の差異）

評価性引当額について考えてみましょう。評価性引当額は，繰延税金資産の修正であり，法人税等調整額に反映されるので，税金費用に影響を与えます。

評価性引当額の影響を分析するときに，注意することがあります。法

人税等調整額に反映されるのは，評価性引当額のうち，その期に修正があった分だけです。すなわち，**評価性引当額の増加額または減少額**が，法人税等調整額に反映されるのです。期末時点の評価性引当額合計が対象となるわけではありません。

評価性引当額の増加額または減少額は，均等割と同様に税金費用を構成していますので，この増加額または減少額を税引前当期純利益で割ることで比率を計算することができます。

それでは設例で考えてみましょう。

設例

<前提条件>

税引前当期純利益	10,000
加算項目　賞与引当金	500
評価性引当額減少	400
税率および法定実効税率	30%

税引前当期純利益		10,000
法人税等	3,150	
法人税等調整額	△550	2,600
税引後当期純利益		7,400

税負担率＝26%
△4%
法定実効税率＝30%

税金費用2,600のうち，あるべき税金費用は3,000，評価性引当額減少の影響が△400です。

	課税所得	法定実効税率	税額	税率
税引前当期純利益	10,000	30%	3,000	30%
評価性引当額			△400	△4%
税金費用			2,600	26%

第5章　税効果会計の表示　　157

（5）税効果会計の計算を間違えていたら

　税率の差異分析は，税効果会計の計算が誤っていないかを確認するのに役立つといいました。

　もしも，税効果会計の計算を間違えていたら，どのような状態になるのかを考えてみましょう。

　設例として，交際費を用いて考えてみましょう。

設例

```
＜前提条件＞
　税引前当期純利益　　　　10,000
　加算項目　賞与引当金　　　500
　　　　　　交際費　　　　1,000
　税率および法定実効税率　　30%
```

　税効果会計の計算を間違えているという仮定で損益計算書を作成してみます。

税引前当期純利益		10,000	
法人税等	3,450		税負担率＝33.5%
法人税等調整額	△100	3,350	↕ 3.5%
税引後当期純利益		6,650	法定実効税率＝30%

　先ほどと同じように，税率の差異を分析してみましょう。

	課税所得	法定実効税率	税額	税率
税引前当期純利益	10,000	30%	3,000	30%
交際費	1,000	30%	300	3%
税金費用			3,300	33%

不一致

実際の税金費用	3,350	33.5%

　税金費用が，あるべき税金費用と異なる原因としては，交際費の加算しかありません。これを加味して税金費用を計算しても，実際の税金費用と一致しません。

　この一致しない原因がどこにあったかというと，法人税等調整額の△100にあります。本来は，将来減算一時差異500に対する法人税等調整額は，△150でなければいけません。

　このように，簡単な設例でしたが，税効果会計の計算が誤っていると，最後の税率の差異分析のところで，おかしいということに気づきます。

（6）最後にまとめて注記表を作成してみる

　それでは，最後に，（2）から（4）を同時に条件としてみて，注記表を作成してみましょう。

第5章　税効果会計の表示　　159

```
＜前提条件＞
  税引前当期純利益          10,000
  加算項目　賞与引当金          500
            交際費          1,000
  均等割                      700
  評価性引当額減少            400
  税率および法定実効税率       30%
```

まず，損益計算書は次のようになります。

```
  税引前当期純利益                10,000
  法人税等            4,150
  法人税等調整額      △550    3,600
  税引後当期純利益              6,400
```

税負担率＝36%
6％
法定実効税率＝30%

法定実効税率と税負担率の差異の分析表は，次のとおりです。

	課税所得	法定実効税率	税額	税率
税引前当期純利益	10,000	30%	3,000	30%
交際費	1,000	30%	300	3%
均等割			700	7%
評価性引当額			△400	△4%
税金費用			3,600	36%

最後に，注記表を作成します。

```
  法定実効税率                              30%
  （調整）
    交際費等永久に損金に算入されない項目      3
    住民税等均等割等                          7
    評価性引当額の減少                      △4
  税効果会計適用後の法人税等の負担率        36%
```

税率差異分析は比率だけ見てはダメです！

　法定実効税率と税負担率の差異分析は，税効果会計の最後の仕上げとして大事ですよ！　とはなしました。

　実務上は，差異分析を行うときに，差異内容を，完全に解明するのではなく，「その他」という項目を設けて，「その他」が，何％以内に収まれば，確認作業としてはOKという，許容範囲を決めることが多いのです。

　税金計算では，法人住民税，法人事業税の税率が自治体によって違ったり，計算途中で端数調整が行われることなどが原因となって，差異に影響が出ることはあるのです。

　ここで，ひとつ気をつけておきたいことを。

　比率で差異を分析するときに，効果があるのは，ある程度数値の絶対値が大きな会社です。母集団が大きければ，上記の端数調整などの影響力も知れています。

　ところが，上場子会社，上場準備中の企業，資本金が１億円を超えないような企業で，規模が小さな企業は要注意です。

　まず，利益や法人税等の絶対値が小さい場合は，比率にすると，見た目は大きな値になることがあります。たとえば，均等割が13万円に対して，税引前当期純利益が１万円だと，1,300％にもなってしまいますね。

　特に中小企業は，法人税，法人事業税で，軽減税率の措置があるので，法定実効税率で想定している税率と，異なる場合があります。規模が大きいと，「その他」の範囲に収まるのですが，規模が小さいと，比率だけでみていると，「その他」ではなく，主役級の比率になってしまうことがあります。差異の分析は，比率だけではなく，差異の「額」をチェックするという視点も重要ですよ。差異の「額」でみれば，大きな差異にはならないことがありますから。

第 **6** 章

税効果会計をさらに
知るために

1 繰延法と資産負債法

ポイント

● 繰延法と資産負債法という２つの考え方がある。
● 繰延法は損益計算書重視である。
● 資産負債法は貸借対照表重視である。
● 日本は資産負債法を採用している。

1 繰延法と資産負債法という考え方の違い

　第５章までにおいて，一通り税効果会計の基本的なしくみは学習し終わりました。第５章までの内容が理解できた方は次に進んでください。不安な方はもう一度戻って理解できるように頑張ってください。

　ここからは少し応用編です。

　税効果会計を行うのは，税引前当期純利益と，税金費用としての法人税等が対応していないことから，ここを何とか会計の世界で対応させようというのが出発点でした。

　なぜ調整が必要かというと，会計と税務でタイミングの違いが生じる部分があるからでした。

　私たちは最初，あるべき税金費用にするために，『当期』の損益計算書の税金費用を調整すればいいということを学びました。ところが，そ

第6章　税効果会計をさらに知るために　163

れだけでは終わらず，貸借対照表に計上する繰延税金資産・繰延税金負債は『将来』のことを考慮して，状況によっては修正をしなければならないということも学びました。

　なぜ，当期の期間損益が合理的に対応しなくなるにもかかわらず『将来』の影響をいま反映させなければならないのでしょうか。

　それは，税効果会計については2つの考え方があり，**何を重視**するかによって違いが出てくるからです。

　どのように違うのか，これからみていきましょう。

❷　繰延法

　タイミングの違いは，**会計上の『収益』・『費用』と税務上の『益金』・『損金』の認識時点の違い**であるという考え方です。帰属年度が異なることによる差異です。
　繰延法の考え方では，会計上の『収益』・『費用』，税務上の『益金』・『損金』の取扱いの違いに着目しているので，**『タイミングの違い』**と**『そもそも認められないことによる違い』**が出てきます。
　『そもそも認められないことによる違い』のことを**『永久差異』**といいますが，永久差異は繰延法の考え方の中で登場するはなしです。

```
                      ┌─ 会計上の『収益』・『費用』と
                      │  税務上の『益金』・『損金』の      税効果会計
繰延法による差異 ─────┤  認識時点の違いによる差異         の対象
                      │
                      └─ そもそも認められない
                         という永久差異
```

　繰延法の特徴は，税引前当期純利益と税金費用を適切に対応させることを重視するため，貸借対照表に計上される繰延税金資産・繰延税金負債については，資産としての要件を備えているのか，負債として支払可能性が高いのかなどについては重要視されません。

　そのため，たとえば，将来減算一時差異があり，理論的には減算の可能性があっても，実際には減算されずに残ってしまう場合は，いつになっても繰延税金資産として貸借対照表に計上され続けることになり，資産性の観点からは問題となります。

　また，繰延法は，会計と税務の差異が発生した期間に係る税率で計算します。将来，実際に差異が解消される時点では税率が変更になっていても，新しい税率が反映されることはありません。

繰延法の特徴

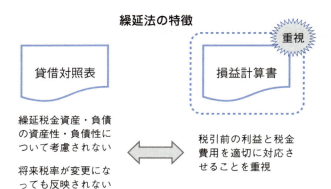

本書では，これまで税効果会計を直観的に理解しやすくなるよう，損益計算書の説明を主眼に置いてきました。説明の仕方はどちらかといえば，繰延法の考えに近い説明でした。

　しかし，上記のとおり，繰延法には問題点もあるため，制度上は次に説明する資産負債法の考え方が採用されています。

❸ 資産負債法

　資産負債法は，タイミングの違いは**会計上の『資産』・『負債』と税務上の『資産』・『負債』の認識時点の違い**であるという考え方です。いいかえると，**会計上の『純資産』と税務上の『純資産』**の認識のタイミングが異なるということです。

　税務上の純資産とは何だったでしょうか？　そうです。別表五(一)のことです。

　たとえば，会計上である資産の評価損を計上したとします。税務上は，この評価損は損金としては認められないということで否認し，別表四で加算したとします。会計上は評価損を計上したため，資産は評価損の額だけ簿価は下がり，純資産も同額減少しています。一方，税務上はその評価損は認められないので，別表四で加算した後，別表五(一)に転記します。その結果，別表五(一)では評価損に相当する金額だけ，会計上の純資産よりも多くなります。

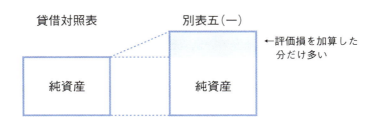

別表四の加算・減算項目のうち『タイミングの違い』によるものは，別表五(一)に反映されるのでしたね。

　つまり，**繰延法の考え方である別表四で把握される，『タイミングの違い』による差異は，別表五(一)に漏れなく反映される**ので，この部分に関しては同じことを意味しています。

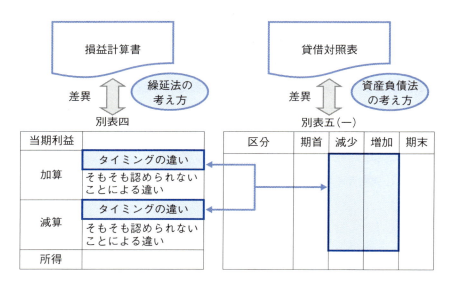

　『この部分に関しては』などと，随分もったいぶった書き方をしました。イコールであればはなしは単純なのですが，現実はそうではありません。

　貸借対照表の純資産の部の内訳を思い出してください。増資等の資本取引以外に純資産が増減するもので，損益計算書と連動しない取引があります。

　たとえば，その他有価証券の評価差額金や土地再評価差額金は，純資産の部に直接評価損益が反映されます。税務上は，そのような取引は認めていませんから，ここにも会計上と税務上の純資産の差異が発生します。この差異も税効果会計の対象となるのです。

第6章 税効果会計をさらに知るために 167

　会計上の『資産』・『負債』と，税務上の『資産』・『負債』の認識時点の違いが『**一時差異**』となります。繰延法の説明のときに，一時差異という表現は使いませんでした。**会計上の『収益』・『費用』と税務上の『益金』・『損金』の認識時点の違いによる差異以外にも差異となるものがあるから**です。「一時差異」は資産負債法で使われる表現です。

　ただ，**会計上の『収益』・『費用』と税務上の『益金』・『損金』の認識時点の違いによる差異以外の差異**については，これまでのところ説明していません。これについては次節で説明します。一度に理解しようとすると難しくなりますので，第5章まではまったく触れてきませんでした。まずは会計上の『収益』・『費用』と税務上の『益金』・『損金』の認識時点の違いによる差異で，一通り税効果会計の基礎を学んで，軸となるものを作ってもらい，軸がしっかりできたうえで応用に移っていただきたかったからです。

　はなしを進めましょう。資産負債法の考え方は，繰延法が損益計算書を重視した考え方であったのに対し，**貸借対照表を重視した考え**になります。税効果会計によって認識される繰延税金資産の資産性，繰延税金負債の負債性が重要視されます。繰延税金資産の資産性に問題があれば，税務上の処理とは関係なく，資産を取り崩すこともあり得ます。また，資産性，負債性を重要視するので，将来において，繰延税金資産が取り崩されるとき，繰延税金負債が取り崩されるときを想定した金額が資産，負債として計上されるべきという考えになります。したがって，将来に税率の変更があるときは，変更を加味した資産，負債が計上されることになります。

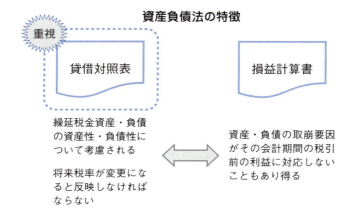

　もともと税効果会計は繰延法から始まったものですが，国際的な流れは資産負債法の考え方になっています。日本の制度上も資産負債法を採用しています。

　ここで１つ思い出してほしいはなしがあります。第２章第２節❼で『繰延税金資産』は資産としてどのような意味をもつかという説明をしましたね。既出の費用の前払いと捉えるか，将来回収できる見込額（予定額）と捉えるかという２つの考え方があると説明しました。

　もうここまでくればおわかりかと思いますが，「既出の費用の前払い」という捉え方は『繰延法』の考え方です。「将来回収できる見込額（予定額）」という捉え方は『資産負債法』の考え方です。資産負債法だからこそ，回収可能性が重要であり，将来の税率の変更にも対応する必要があったということです。将来の影響を今反映させなければならないのです。

2 純資産の部に計上される評価差額の税効果会計

ポイント

- 資産負債法の考え方により，純資産の部の評価差額金も税効果会計の対象となる。
- 評価差額金は，未実現の損益のため，会計と税務の差異になる。
- 繰延税金資産・繰延税金負債の相手科目は，法人税等調整額ではない。
- 税効果会計の処理を行うことで，純資産の部は税引後の株主持分となる。

① なぜ評価差額が税効果会計の対象となるのか

初学者が税効果会計を学ぶうえで，なるべく早く全体像をつかんでいただくために，あえて触れずにいた学習項目があります。それが，「**純資産の部に計上される評価差額**」の税効果会計です。

これまでの説明では，なるべく直観的な理解が得られるように，繰延法に近いアプローチを使って説明してきました。ところが，評価差額は，そもそも損益計算書を通さない処理を行うため，繰延法のようなアプローチでは説明ができません。

そこで，本書では，一通り税効果会計の学習を終えて，税効果会計の構造が理解できた後に，説明をすることにしました。

今までのはなしとは，随分と内容が異なると感じるかもしれません。それでは，本題に入っていきましょう。

（1）資産負債法による会計と税務の差異

純資産の部に計上される評価差額には，「その他有価証券評価差額金」と「土地再評価法による再評価差額金」があります。

ここでは，「その他有価証券評価差額金」を用いて説明をしていきます。

その他有価証券評価差額金は，「その他有価証券」を期末で時価評価したとき，時価と簿価との評価差額を，純資産の部に直接計上したものです。

たとえば，簿価1,000の「その他有価証券」の時価が1,200であった場合，税効果会計を考慮しなければ，次のような仕訳を計上します。

| （借）投 資 有 価 証 券 | 200 | （貸）その他有価証券評価差額金 | 200 |

評価益200は，直接純資産の部に計上されます。純資産の部に計上されるということは，会計上の純資産が200増加したことになります。

では，税務上の純資産はどうなったのでしょうか？

答えは，税務上の純資産に変動はありません。具体的にいえば，別表五(一)の利益積立金は増加しません。

ということは，**会計上の純資産と税務上の純資産に差異が発生**していることになります。

前節で，税効果会計は資産負債法を採用していると説明しました。資産負債法では，**会計上の純資産と税務上の純資産の差異**は，一時差異として認識されます。

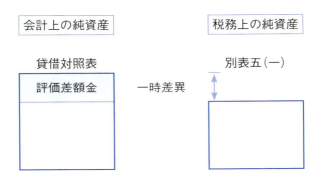

この差異が，なぜ一時差異になるのかを考えてみましょう。

（2）一時差異になる理由

会計と税務の差異であり，将来その差異が解消される場合には，一時差異として税効果会計の対象となりました。

その他有価証券評価差額金はどうでしょうか？　純資産の部に計上されているその他有価証券評価差額金は，未実現の評価損益です。先ほどの投資有価証券の時価評価が1,200で評価益が200だったケースで考えてみましょう。

会計上は未実現利益を計上しました。しかし，税務上は，未実現の利益は認めていないので，評価の対象となっていません。この評価益の対象となったその他有価証券が将来売却されたときには，売却益が実現します。そのときに，税務上は所得を認識しますので，この時点で，ようやく会計と税務の差異は解消されます。つまり，タイミングが違うだけ

ということです。

したがって，その他有価証券評価差額金は一時差異となるのです。

❷ どのように会計処理するのか

評価益であった場合で説明をしていきましょう。

将来の税務にどのような影響を与えるかを考えます。
　会計上において，すでに認識しているこの評価益の存在は，税務上は，売却時点ではじめて，この利益に相当する法人税等を計上することになります。

つまり，将来の納税負担を増額させる効果があるため，将来加算一時差異となります。将来加算一時差異の場合は，貸方には「繰延税金負債」を計上します。

では，借方はどのような科目になるのでしょうか？

「法人税等調整額」？

いいえ。違います。もし，法人税等調整額で損益計算書に計上しても，評価益は税引前当期純利益に反映されていないため，税引前当期純利益

と税金費用が対応しなくなります。

　評価差額金が資本の部に直接計上される場合は，次のように考えます。

　この未実現の評価益が，実際に売却して実現したときのことを考えてください。

　評価益は，売却した時点で，売却益として利益になります。この利益は，税務上も所得として認められるため，法人税等の計算対象となります。
　損益計算書では，税引前当期純利益から法人税等を差し引くと，税引後当期純利益になります。
　税引後当期純利益は，貸借対照表の純資産の部に反映されます。

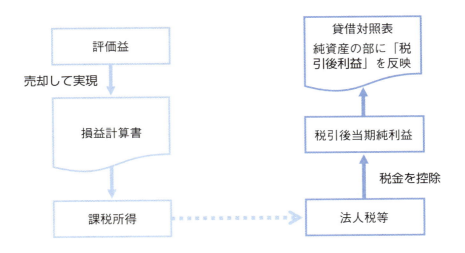

　純資産の部に注目してください。いま，ここに反映されたのは，**税引後当期純利益**でした。純資産の部は株主資本のことを意味します。株主

の持分は税引後の利益ということです。

　ここで考えてください。未実現の評価差額金を純資産の部に計上するということは，税引後の金額でなければ株主の持分にはならないということです。
　未実現利益でも実現利益でも会計上，純資産の価値は同じにならなければいけません。

　つまり，純資産の部に計上される「その他有価証券評価差額金」は，税引後の金額になるのです。

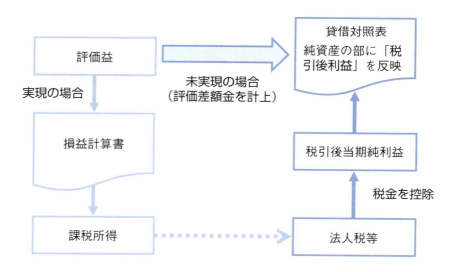

　したがって，先ほどの仕訳の不明であった借方の科目は，「その他有価証券評価差額金」になるのです。

第6章　税効果会計をさらに知るために　175

（借）その他有価証券評価差額金 ×××	（貸）繰延税金負債　×××

　この仕訳により，その他有価証券評価差額金は，税効果相当額を控除した税引後の金額として，純資産の部に計上されることになります。

　ここで，評価益の場合，評価損の場合で仕訳をまとめてみましょう。

【時価が簿価を上回っている場合】

（借）投 資 有 価 証 券　　×××	（貸）繰 延 税 金 負 債　　×××
	その他有価証券評価差額金　×××

【時価が簿価を下回っている場合】

（借）繰 延 税 金 資 産　　×××	（貸）投 資 有 価 証 券　　×××
その他有価証券評価差額金　×××	

❸ 評価差額の回収可能性の検討

　評価差額に係る繰延税金資産についても，他の繰延税金資産と同様に，回収可能性の検討対象となります。

　その他有価証券の評価差額については，取扱いが詳細に決まっています。

　その他有価証券は，銘柄が複数ある場合には，原則として，個々の銘柄ごとに評価損益を計算し，繰延税金資産の回収可能性を判定します。

【原則的処理】

一方、例外処理として、個々の銘柄ごとには評価せず、一括して適用した場合は、スケジューリング可能かスケジューリング不能かで、次のように取扱いが異なります。

【例外処理】

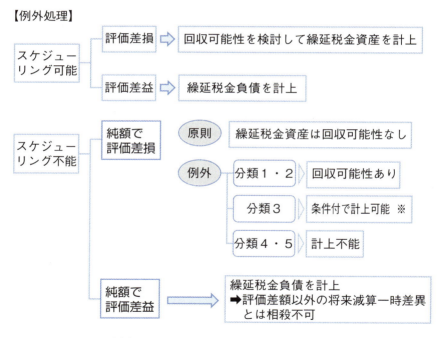

※将来の合理的な見積可能期間からスケジューリング可能な他の一時差異の解消見込額を控除した額を限度として繰延税金資産を計上することができる

第6章　税効果会計をさらに知るために　　177

3　連結財務諸表の税効果会計

ポイント

- ●連結財務諸表では，新たに固有の一時差異が発生する。
- ●連結固有の一時差異には，連結損益計算書を通すものと通さないものがある。
- ●どこの会社の法定実効税率を使うのかに気をつける。
- ●未実現利益の消去の税効果会計には例外的処理がある。

❶　連結財務諸表に税効果会計のはなしが出てくる理由

　さて，これでようやく個別財務諸表の税効果会計の基本的な学習は一通り終わりました。いよいよ最後の節となりますが，税効果会計はまだまだ学ぶことがたくさんあります。

　これからさらに深く学んでいきたい方のために，連結財務諸表の税効果会計についても少しだけ触れておきたいと思います。

　本書では，一貫して，個別財務諸表の税効果会計を前提にはなしを進めてきました。連結財務諸表の税効果会計については触れてきませんでした。連結財務諸表の税効果会計は，個別財務諸表の税効果会計にはない特有の考え方や，異なる取扱いなどがあります。

　したがって，連結財務諸表の税効果会計を理解するには，まず個別財務諸表の税効果会計の考え方，取扱いをしっかりと理解したうえで，比

較しながら学ぶことをお勧めします。

　もう1つ前提条件があります。連結財務諸表の作成プロセスの基本的な理解があるという前提ではなしを進めます。また，はなしを単純にするために，繰延税金資産の回収可能性はまったく問題がない，つまりステップ1だけで当期の税金費用が合理的に対応している前提ではなしを進めます。

　まずは，そもそも，なぜ連結財務諸表において税効果会計のはなしが出てくるかについて考えてみたいと思います。

　連結財務諸表は子会社の財務諸表を合算するところから始まりますが，子会社の財務諸表において税効果会計の処理は当然に完了しているはずです。したがって，個別財務諸表の税金費用は税引前当期純利益に合理的に対応しています。合理的に対応している各子会社の財務諸表を合算したならば，税金等調整前当期純利益と税金費用は合理的に対応していると思いませんか？

　評価差額金についても税効果会計の処理を行っていれば，純資産の部の評価差額金もあるべき金額になっているはずです。

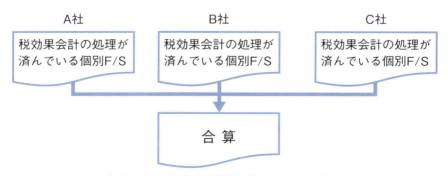

子会社の財務諸表で税効果会計の処理が済んでいるのであれば何もする必要がないのでは？

確かにそのとおりです。**単純に合算した段階**では。

　連結財務諸表の作成プロセスでは，親会社と子会社の財務諸表を単純に合算して終わりではなかったですね。そこから，さまざまな『**連結特有の修正仕訳**』が入ります。

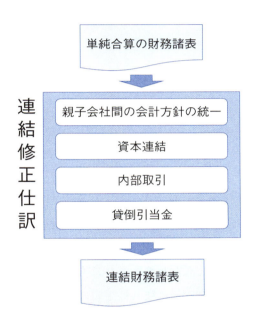

　この連結修正仕訳が入ることによって，単純合算の財務諸表と連結財務諸表の**資産・負債の金額にズレ**が生じるところがあります。
　具体的なズレについては第3節以降で一部ご紹介したいと思いますが，連結修正仕訳によって，資産・負債の金額が単純合算時から変わるということは，せっかく個別財務諸表で会計と税務のズレの調整が完了したにもかかわらず，『さらに調整』する必要が生じたということです。

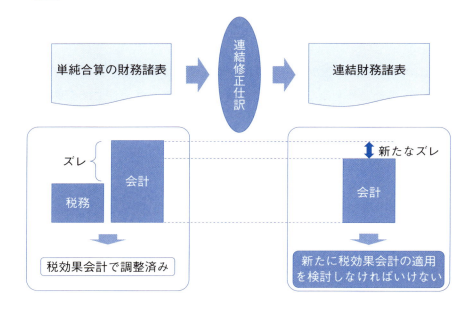

　個別財務諸表の税効果会計において，税務と会計のズレのうち，『タイミングの違い』によるズレは，当期と将来を通算すれば税務も会計も最終的には一致するというものでした。これと同じように，当期と将来を通算すれば最終的には個別財務諸表も連結財務諸表もズレがなくなる個別財務諸表の資産・負債と連結財務諸表の資産・負債の差額のことを**『連結固有の一時差異』**といいます。

　税効果会計の処理を行うということは税引後当期純利益（純資産）をあるべき姿にすることだというところまで学びました。
　『連結固有の一時差異』があるということは，当期の個別財務諸表と連結財務諸表の税引後の当期純利益（純資産）はズレが生じているということです。しかし，当期と将来を通算すればこのズレは解消され，どちらの税引後の当期純利益（純資産）も一致します。

	当期	将来	通算
個別財務諸表	費用		費用
連結財務諸表		費用	費用

（通算欄：一致）

このような『**連結固有の一時差異**』が発生した場合には，税効果会計の処理を改めて考える必要があります。

❷ 個別財務諸表の税効果会計の理解を前提とする

第1章から第4章までは，一時差異のうち，損益計算書に影響を与えるものについて学びました。税効果会計の学習の入り口としてはここから始めることがスムーズです。次に，応用編として，損益計算書に影響を与えない一時差異の話として，本章第2節で純資産の部に計上される評価差額の税効果会計について学びました。

連結財務諸表の税効果会計では，損益計算書に影響を与える一時差異と影響を与えない一時差異のはなしが両方登場します。基本的なアプローチは個別財務諸表と同じです。ただ，『**連結固有の一時差異**』の内容によっては，個別財務諸表の税効果会計では考える必要がなかったはなしも登場します。その個別事情を踏まえながら連結財務諸表全体の税効果会計の説明をしたいのですが，さすがにすべては難しいです。

そこで本書では，損益計算書に影響を与える『連結固有の一時差異』と影響を与えない『連結固有の一時差異』について，特徴的な一時差異を３つ取り上げて，連結財務諸表の税効果会計が個別財務諸表の税効果会計とどう違うのか，全体像を理解してもらおうと思います。

	連結財務諸表固有の将来減算一時差異	連結財務諸表固有の将来加算一時差異
損益計算書に影響を与える一時差異※1	（借）繰延税金資産 ××× （貸）**法人税等調整額** ×××	（借）**法人税等調整額** ××× （貸）繰延税金負債 ×××
損益計算書に影響を与えない一時差異	（借）繰延税金資産 ××× （貸）**純資産の科目**※2 ×××	（借）**純資産の科目**※2 ××× （貸）繰延税金負債 ×××

※1　本書では資産または負債の評価替えについて，その他の包括利益で認識する処理は行わないという前提で考えるものとする。
※2　評価差額金，為替換算調整勘定など，一時差異の内容によって科目名が決まる。

❸ 子会社の資産・負債の時価評価による評価差額

資本連結時に，子会社を支配獲得した日に時価評価する必要があります。たとえば，子会社（S社とします）の個別貸借対照表に土地800が計上されていたとします。支配獲得日に時価評価したところ，時価は1,000だったとします。この場合，連結修正仕訳として次のような仕訳を計上します。

（借）土　　　　　地	200	（貸）評　価　差　額	200

その結果，S社の単純合算時の土地と連結財務諸表の土地の価額が異なることになります。

第6章 税効果会計をさらに知るために 183

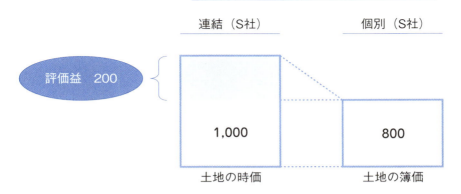

この時点(当期)で純資産価額に差異が発生しましたね。

次に,将来のことを考えてみます。S社はこの土地を時価相当である1,000で第三者に売却したとします。連結財務諸表上の処理と個別財務諸表上の処理を比べてみましょう。

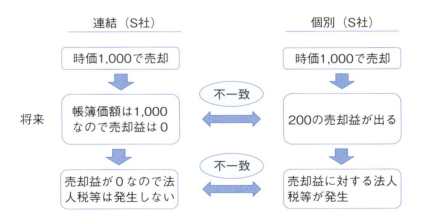

連結財務諸表では,支配獲得時に時価評価を行い,帳簿価額は1,000に修正しているので,売却益は出ません。一方,個別財務諸表では帳簿価額は800だったため,売却益200が発生します。それに対して法人税等も発生します。

このように当期と将来，どちらにおいても差異（ズレ）が発生します。しかし，当期と将来を通算したらどうでしょうか。

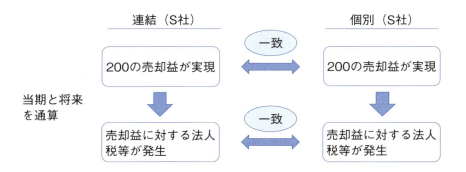

個別財務諸表では，将来の売却時点で売却益とそれに対する法人税等が発生します。それに対して，連結財務諸表では当期（支配獲得日）に評価益（評価差額）を認識します。これは個別財務諸表の将来における売却益と同額です。

ここまで説明すると，何かの話と同じだと気づきませんか？
そうです。**第２節の評価差額の税効果会計と同じはなしです。**
売却して実現したときと『同じ』純資産になるように，評価差額は税引後の金額にしなければいけないということでしたね。つまり，当期に法人税等を認識する必要があるということです。

第6章 税効果会計をさらに知るために　185

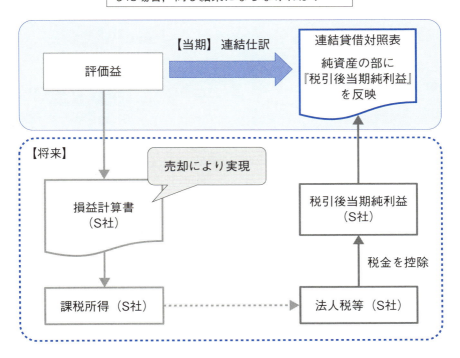

　時価評価による連結修正は損益計算書に影響しません。したがって，損益計算書に影響を与えない一時差異となります。

	連結財務諸表固有の将来減算一時差異	連結財務諸表固有の将来加算一時差異
損益計算書に影響を与える一時差異		
損益計算書に影響を与えない一時差異	子会社の資産および負債の時価評価による評価差額	子会社の資産および負債の時価評価による評価差額

本書の設例（土地の評価益）

連結財務諸表と個別財務諸表では収益の認識時点が『ズレ』るが，当期と将来を通算して考えた場合，結果は一致します。

	当期	将来	通算
個別財務諸表		売却益　200	売却益が実現200
連結財務諸表	評価益　200	評価益は売却によって実現するが収益は計上されない	売却益が実現200

一致

　第2節の評価差額で学んだように，土地の時価評価の結果，評価益になる場合，『連結財務諸表固有の将来加算一時差異』となり，当期において法人税等を認識しなければなりません。そして，評価差額は連結貸借対照表に直接計上されるため，連結損益計算書を通過しません。そのため，繰延税金負債の相手勘定は，『法人税等調整額』ではなく『評価差額』になります（第2節の復習です）。

（借）評　価　差　額	60	（貸）繰延税金負債	60

※　S社の法定実効税率が30％だった場合

　ここで，連結財務諸表の税効果会計で気をつけなければいけないはなしを1つします。上記の法定実効税率をさりげなく，「S社」の法定実効税率と注釈しましたが，『どこの会社の法定実効税率を使うのか』をよく考えてください。土地の売却によって実現し，法人税等が発生する主体は子会社であるS社であるので，S社の法定実効税率を使います。

❹ 債権債務の相殺消去に伴い修正される貸倒引当金

連結会社間で内部取引がある場合，連結上は相殺消去します。また，債権債務が残っていた場合，その債権債務も相殺消去します。

たとえば，親会社（P社とします）が債権者，子会社（S社とします）が債務者として，P社の個別財務諸表ではS社に対する債権は正常債権で，一般債権としての貸倒実績率にもとづく貸倒引当金を計上していたとします。税務上も損金算入していました。

連結修正仕訳で債権債務を相殺消去した場合，その消去した債権に対応する貸倒引当金は不要となるので，これも連結上は取り消す必要があります。今回取り消すべき貸倒引当金は200だったとします（もともとP社では1,000貸倒引当金を計上していました）。

| （借）貸 倒 引 当 金 | 200 | （貸）貸倒引当金繰入額 | 200 |

その結果，単純合算時のP社の個別財務諸表上の貸倒引当金と連結財務諸表上の貸倒引当金の価額が異なることになります。

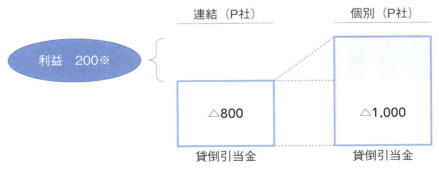

※貸倒引当金繰入額200を消去した金額だけ税金等調整前当期純利益が増加する

この時点（当期）で純資産価額に差異が発生しました。

次に，将来のことを考えてみます。P社は翌期に回収不能な事態が発生しなければ貸倒引当金を取り崩して戻し入れます。連結財務諸表上の処理と個別財務諸表上の処理を比べてみましょう。

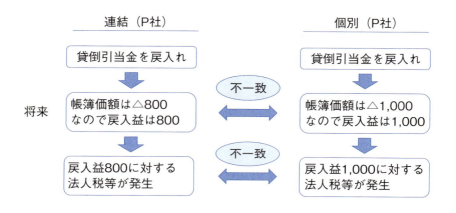

　連結財務諸表の貸倒引当金戻入益は800，個別財務諸表の貸倒引当金戻入益は1,000です。戻入益は課税所得になりますが，その差異に対する法人税等も変わります。

　このように当期と将来，どちらにおいても差異（ズレ）が発生します。しかし，当期と将来を通算したらどうでしょうか。

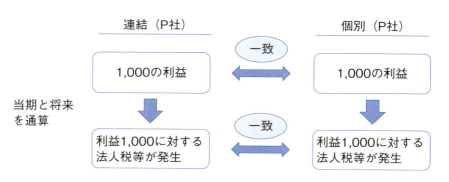

第6章　税効果会計をさらに知るために　189

　個別財務諸表では，将来の貸倒引当金戻入益の計上時点で1,000の利益が認識され，法人税等が発生します。それに対して，連結財務諸表では当期に貸倒引当金の修正分である200が個別財務諸表と比べて利益が多くなります。そして，将来に貸倒引当金戻入益の計上時点では800の利益を認識するので通算すれば1,000となり，個別財務諸表の結果と一致します。

　また，貸倒引当金の修正は連結損益計算書に影響します。連結修正後の税金等調整前当期純利益と税金費用が合理的に対応しないということですね。

	連結財務諸表固有の将来減算一時差異	連結財務諸表固有の将来加算一時差異
損益計算書に影響を与える一時差異		
損益計算書に影響を与えない一時差異		

本書の設例（貸倒引当金の修正）

　当期は差異が発生しますが，通算すればその差異は解消されます。

	当期	将来	通算
個別財務諸表		戻入益　1,00	利益　1,000
連結財務諸表	利益　200※	戻入益　800	利益　1,000

一致

※貸倒引当金繰入額200を消去した金額だけ税金等調整前当期純利益が増加する

この当期の連結財務諸表の200は『連結財務諸表固有の将来加算一時差異』であり，将来の税金費用を先に認識しておく必要があります。

（借）法人税等調整額	60	（貸）繰延税金負債	60

※　P社の法定実効税率が30％だった場合

先ほどは，法定実効税率で気をつけるはなしをしましたが，ここでは連結修正前の取引に関して，P社がどのような処理を行っていたかに気をつけるというはなしをします。

設例では，前提条件として『S社に対する債権は正常債権で，**一般債権としての貸倒実績率にもとづく貸倒引当金**を計上していた』としていました。その前提で上記のあるべき税効果会計の仕訳を考えました。

しかし，もしこの債権が『個別引当にもとづく債権であり，税務上も損金計上できずに加算していた』という前提だったらどうなるでしょうか。

この場合，個別財務諸表では『将来減算一時差異』として次のような税効果会計の処理を行っていたと考えられます。

（借）繰延税金資産	60	（貸）法人税等調整額	60

※　個別引当が200，かつ，P社の法定実効税率が30％だった場合

この個別引当の債権を連結上相殺消去し，さらに，貸倒引当金の修正を行った場合，個別財務諸表で計上した税効果会計の対象となる引当金が存在しなくなりますから，連結上では上記仕訳を取り消すことになります。

（借）法人税等調整額	60	（貸）**繰延税金資産**	60

このように相殺消去のもととなった債権がどのように処理されてきたのかには気をつける必要があります。

❺ 未実現利益の消去

　連結会社間で取引を行い，取得した会社がその資産を引き続き所有していた場合，単にグループ間で資産が移動しただけであるため，その取引で発生した損益は『**未実現**』であり，取り消す必要があります。

　未実現利益の消去の場合，比較すべき会社は親会社のみ，あるいは子会社のみではなく，取得会社の簿価，売却会社の簿価を考える必要があります。たとえば，子会社（S社とします）が所有していた土地800を親会社（P社とします）に1,000で売却したとします。この場合，S社の個別財務諸表上で計上した売却益200は取り消す必要があります。連結修正仕訳として次のような仕訳を計上します。

（借）固定資産売却益	200	（貸）土　　　　地		200

　借方の固定資産売却益を計上した会社は売却側のS社です。貸方の土地を計上した会社は取得側であるP社です。

　その結果，P社の単純合算時の土地と連結財務諸表の土地の価額が異なることになります。

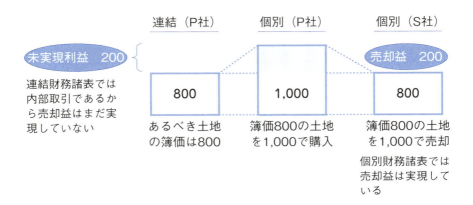

この時点（当期）でP社の純資産価額に差異が発生しました。

次に，将来のことを考えてみます。P社はこの土地を時価相当である1,000で第三者に売却したとします。連結財務諸表上の処理と個別財務諸表上の処理を比べてみましょう。

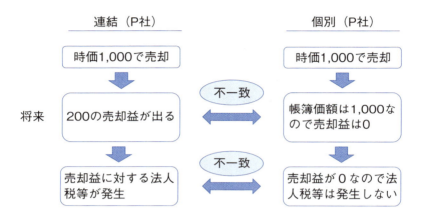

連結財務諸表では，未実現利益分の土地価額をS社が所有していた時と同じ帳簿価額800に修正しているので，売却益200が発生します。それに対して法人税等も発生するはずです。一方，個別財務諸表では帳簿価額は1,000だったため，売却益は発生しません。

このように当期と将来，どちらにおいても差異（ズレ）が発生します。しかし，当期と将来を通算したらどうでしょうか。この場合，グループ全体の影響としてP社のみで考えるのではなく，売却側のS社も含めて考える必要があります。

第6章 税効果会計をさらに知るために　193

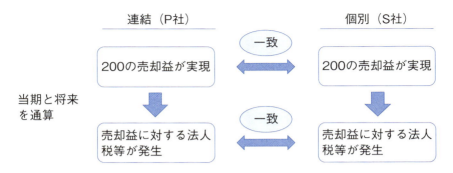

　売却側であるS社の個別財務諸表では，当期に売却時点で売却益とそれに対する法人税等が発生します。それに対して，連結財務諸表では将来に第三者に売却した時点で売却益とそれに対する法人税等が発生します。グループ全体で通算すれば一致します。

　また，売却益の修正は連結損益計算書に影響します。連結修正後の税金等調整前当期純利益と税金費用が合理的に対応しないということですね。

	連結財務諸表固有の将来減算一時差異	連結財務諸表固有の将来加算一時差異
損益計算書に影響を与える一時差異	↑ 本書の設例（未実現利益）	
損益計算書に影響を与えない一時差異		

　当期はズレが発生しますが，グループ全体で通算すればそのズレは解消されます。

	当期	将来	通算
個別財務諸表 （P社＋S社）	売却益　200		売却益200が 実現
連結財務諸表 （P社＋S社）		売却益　200	売却益200が 実現

一致

　この当期の連結財務諸表の売却益200の取消しは，税金等調整前当期純利益が減少しているにもかかわらず，税金費用は変わらないため，あるべき税金費用が**過大**，一方，将来売却時には，売却益が発生するにもかかわらず個別財務諸表で計上される税金費用はそれを認識しないため，あるべき税金費用は**過少**になります。つまり，『連結財務諸表固有の将来減算一時差異』として，当期に納税した額を将来取り戻す（回収できる）見込みがあります。仕訳は次のようになります。

（借）繰 延 税 金 資 産	60	（貸）法人税等調整額	60

※　**S社の法定実効税率**が30％だった場合

　最後に連結財務諸表の税効果会計に特有のはなしをします。上記の注書きに「S社の法定実効税率」と書いてあります。大事なことを2つはなします。

> **未実現利益の消去に伴う税効果会計で使用する法定実効税率は『売却側』の会社の法定実効税率を用いる**

　土地の帳簿価額を修正するのはP社ですが，売却の実現仕訳を計上しており，かつ，税金費用を計上しているのは売却側であるS社です。したがって，S社の法定実効税率を使用して税金費用を調整する必要があ

ります。

　もう1つ。これまで勉強してきたこととまったく逆のはなしになります。

『将来』ではなく『当期』の法定実効税率を用いる

　これはなかなか衝撃的なはなしです。私たちはこれまで，税効果会計は今と将来をセットにして考える必要があり，将来の回収可能性を重視，すなわち『資産負債法』の考え方にもとづいて勉強してきました。ところが，この『未実現利益の消去』に伴う税効果会計の処理に限っては『今』の法定実効税率を使います。

　なぜでしょうか。通常の『将来減算一時差異』や他の『連結財務諸表固有の将来減算一時差異』と異なり，別表四の調整や帳簿価額の調整でまだ実現していない取引ではなく，個別財務諸表上では先に『実現』した取引です。連結財務諸表で考えた場合，その『実現』はいったんなかったことにするだけです。そのため，将来，連結グループの外の第三者にその資産が引き渡された時点まで『実現を保留』すると考えてください。そのため，すでに処理した税金費用を繰り延べるという考え方を用います。第1節で学んだ『繰延法』の考え方です。

　唯一の例外として，未実現利益の消去では『繰延法』の考え方が使われています。したがって，将来の税率を考慮する必要もなく，当然，『繰延税金資産の回収可能性』を考える必要もありません。

最後にもう一度，繰延税金資産のはなし

　いざ実務で実践する立場になると少しずつわかってくることがあります。それは『繰延税金資産』の恐ろしさです。繰延税金資産はそれが必ず実現するという約束された資産ではありません。現預金のように貨幣価値が客観的に証明されているものではありません。債権のように相手との合意があるわけではありません。マーケットで時価が形成されているわけでもありません。見積りがすべてなのです。

　しかし，どれほど頑張っても予測は予測です。頑張れば客観的な情報が見つかるというわけではありません。精度の高い予測を行うつもりがあっても，予測の前提条件が少し変化するだけで『当期の利益が変動する可能性がある』のです。

　商品の粗利率の改善や経費削減などの企業努力により利益増加になったとしても，繰延税金資産の調整いかんでは，その利益が一瞬で吹き飛んでしまうことだってありえるのです。

　税効果会計はそれくらい影響度が高いものです。配当可能利益が変わり株主に影響を与えます。場合によっては企業継続性に影響を与えることすらあります。

　繰延税金資産という資産の金額を算出することはいかに大変であり，重要なことか。これが最後にみなさんにどうしても理解していただきたかったことです。

　税効果会計の技術的な面は早い段階でマスターできると思います。条件が与えられ，それに対して答えを出すことはそれほど難しいことではありません。本当に奥が深いのは，繰延税金資産の算定プロセスです。条件を自ら探して集めなければなりません。誰に確認してもらっても「そう予想できるよね」と納得してもらう必要があります。

　この重さを感じたときこそが，皆さんが税効果会計の本質を理解できる瞬間です。一日も早くその日が訪れますように。

【著者紹介】

三林　昭弘（みつばやし　あきひろ）

公認会計士・税理士

1970年生まれ。公認会計士2次試験合格後，公認会計士事務所，不動産会社を経て，監査法人トーマツ（現 有限責任監査法人トーマツ）に入所。主に金融商品取引法監査，会社法監査を担当し，公開準備会社の予備調査および公開指導にも携わる。監査法人時代は，主に，不動産，建設業，流通業を担当していた。

2004年に独立し，「三林公認会計士事務所」を開業。同時に，「フェリックスジャパン株式会社」を設立。ベンチャー企業支援を中心にサービスを展開。企業の事業構造を理解し，成長ステージ，組織能力によってマネジメントの勘所がまったく変わるというポリシーのもと，成長支援を行っている。

すらすら税効果会計〈第3版〉

2011年 9 月30日　第1版第1刷発行	
2013年11月25日　第1版第12刷発行	
2014年 9 月20日　第2版第1刷発行	
2016年 6 月10日　第2版第4刷発行	
2018年 7 月 1 日　第3版第1刷発行	
2025年 4 月15日　第3版第14刷発行	

著　者　三　林　昭　弘

発行者　山　本　　　継

発行所　㈱中　央　経　済　社

発売元　㈱中央経済グループ　　　　　パブリッシング

〒101-0051　東京都千代田区神田神保町1-35
電話　03 (3293) 3371(編集代表)
　　　03 (3293) 3381(営業代表)
https://www.chuokeizai.co.jp
印刷・製本／文唱堂印刷㈱

© 2018
Printed in Japan

＊頁の「欠落」や「順序違い」などがありましたらお取り替えいたしますので発売元までご送付ください。（送料小社負担）
ISBN978-4-502-27271-4　C3034

JCOPY〈出版者著作権管理機構委託出版物〉本書を無断で複写複製（コピー）することは，著作権法上の例外を除き，禁じられています。本書をコピーされる場合は事前に出版者著作権管理機構（JCOPY）の許諾を受けてください。
　JCOPY〈https://www.jcopy.or.jp　eメール：info@jcopy.or.jp〉

―――― ■おすすめします■ ――――

学生・ビジネスマンに好評
■最新の会計諸法規を収録■

新版 会計法規集

中央経済社編

会計学の学習・受験や経理実務に役立つことを目的に，
最新の会計諸法規と企業会計基準委員会等が公表した会
計基準を完全収録した法規集です。

《主要内容》

会計諸基準編＝企業会計原則／外貨建取引等会計処理基準／連結CF計算書
等作成基準／研究開発費等会計基準／税効果会計基準／減
損会計基準／自己株式会計基準／１株当たり当期純利益会
計基準／役員賞与会計基準／純資産会計基準／株主資本等
変動計算書会計基準／事業分離等会計基準／ストック・オ
プション会計基準／棚卸資産会計基準／金融商品会計基準
／関連当事者会計基準／四半期会計基準／リース会計基準
／工事契約会計基準／持分法会計基準／セグメント開示会
計基準／資産除去債務会計基準／賃貸等不動産会計基準／
企業結合会計基準／連結財務諸表会計基準／研究開発費等
会計基準の一部改正／変更・誤謬の訂正会計基準／包括利
益会計基準／退職給付会計基準／原価計算基準／監査基準
／連続意見書　他

会 社 法 編＝会社法・施行令・施行規則／会社計算規則

金 商 法 編＝金融商品取引法・施行令／企業内容等開示府令／財務諸表
等規則・ガイドライン／連結財務諸表規則・ガイドライン
／四半期財務諸表等規則・ガイドライン／四半期連結財務
諸表規則・ガイドライン　他

関 連 法 規 編＝税理士法／討議資料・財務会計の概念フレームワーク　他

―――― ■中央経済社■ ――――